海上絲綢之路基本文獻叢書

歐人東漸前明代海外關係

歐化東漸史

譚春霖／張星烺 著

文物出版社

圖書在版編目（CIP）數據

歐人東漸前明代海外關係 / 譚春霖著．歐化東漸史 / 張星烺著．-- 北京 : 文物出版社，2022.7
（海上絲綢之路基本文獻叢書）
ISBN 978-7-5010-7593-5

Ⅰ．①歐… ②歐… Ⅱ．①譚… ②張… Ⅲ．①對外貿易－貿易史－中國－明代 Ⅳ．①F752.948

中國版本圖書館 CIP 數據核字（2022）第 089201 號

海上絲綢之路基本文獻叢書

歐人東漸前明代海外關係・歐化東漸史

著　　者：譚春霖　張星烺
策　　劃：盛世博閱（北京）文化有限責任公司

封面設計：鞏榮彪
責任編輯：劉永海
責任印製：張　麗

出版發行：文物出版社
社　　址：北京市東城區東直門内北小街 2 號樓
郵　　編：100007
網　　址：http://www.wenwu.com
經　　銷：新華書店
印　　刷：北京旺都印務有限公司
開　　本：787mm×1092mm　1/16
印　　張：13.125
版　　次：2022 年 7 月第 1 版
印　　次：2022 年 7 月第 1 次印刷
書　　號：ISBN 978-7-5010-7593-5
定　　價：94.00 圓

總緒

海上絲綢之路，一般意義上是指從秦漢至鴉片戰争前中國與世界進行政治、經濟、文化交流的海上通道，主要分爲經由黄海、東海的海路最終抵達日本列島及朝鮮半島的東海航綫和以徐聞、合浦、廣州、泉州爲起點通往東南亞及印度洋地區的南海航綫。

在中國古代文獻中，最早、最詳細記載『海上絲綢之路』航綫的是東漢班固的《漢書·地理志》，詳細記載了西漢黄門譯長率領應募者入海『齎黄金雜繒而往』之事，書中所出現的地理記載與東南亞地區相關，并與實際的地理狀况基本相符。

東漢後，中國進入魏晉南北朝長達三百多年的分裂割據時期，絲路上的交往也走向低谷。這一時期的絲路交往，以法顯的西行最爲著名。法顯作爲從陸路西行到印度，再由海路回國的第一人，根據親身經歷所寫的《佛國記》（又稱《法顯傳》）一書，詳細介紹了古代中亞和印度、巴基斯坦、斯里蘭卡等地的歷史及風土人情，是瞭解和研究海陸絲綢之路的珍貴歷史資料。

隨着隋唐的統一，中國經濟重心的南移，中國與西方交通以海路爲主，海上絲綢之路進入大發展時期。廣州成爲唐朝最大的海外貿易中心，朝廷設立市舶司，專門管理海外貿易。唐代著名的地理學家賈耽（七三〇～八〇五年）的《皇華四達記》記載了從廣州通往阿拉伯地區的海上交通『廣州通夷道』，詳述了從廣州港出發，經越南、馬來半島、蘇門答臘半島至印度、錫蘭，直至波斯灣沿岸各國的航綫及沿途地區的方位、名稱、島礁、山川、民俗等。譯經大師義净西行求法，將沿途見聞寫成著作《大唐西域求法高僧傳》，詳細記載了海上絲綢之路的發展變化，是我們瞭解絲綢之路不可多得的第一手資料。

宋代的造船技術和航海技術顯著提高，指南針廣泛應用於航海，中國商船的遠航能力大大提升。北宋徐兢的《宣和奉使高麗圖經》詳細記述了船舶製造、海洋地理和往來航綫，是研究宋代海外交通史、中朝友好關係史、中朝經濟文化交流史的重要文獻。南宋趙汝適《諸蕃志》記載，南海有五十三個國家和地區與南宋通商貿易，形成了通往日本、高麗、東南亞、印度、波斯、阿拉伯等地的『海上絲綢之路』。宋代爲了加强商貿往來，於北宋神宗元豐三年（一〇八〇年）頒佈了中國歷史上第一部海洋貿易管理條例《廣州市舶條法》，并稱爲宋代貿易管理的制度範本。

元朝在經濟上採用重商主義政策，鼓勵海外貿易，中國與歐洲的聯繫與交往非常頻繁，其中馬可·波羅、伊本·白圖泰等歐洲旅行家來到中國，留下了大量的旅行記，記録元代海上絲綢之路的盛況。元代的汪大淵兩次出海，撰寫出《島夷志略》一書，記録了二百多個國名和地名，其中不少首次見於中國著録，涉及的地理範圍東至菲律賓群島，西至非洲。這些都反映了元朝時中西經濟文化交流的豐富内容。

明、清政府先後多次實施海禁政策，海上絲綢之路的貿易逐漸衰落。但是從明永樂三年至明宣德八年的二十八年裏，鄭和率船隊七下西洋，先後到達的國家多達三十多個，在進行經貿交流的同時，也極大地促進了中外文化的交流，這些都詳見於《西洋蕃國志》《星槎勝覽》《瀛涯勝覽》等典籍中。

關於海上絲綢之路的文獻記述，除上述官員、學者、求法或傳教高僧以及旅行者的著作外，自《漢書》之後，歷代正史大都列有《地理志》《四夷傳》《西域傳》《外國傳》《蠻夷傳》《屬國傳》等篇章，加上唐宋以來衆多的典制類文獻、地方史志文獻，集中反映了歷代王朝對於周邊部族、政權以及西方世界的認識，都是關於海上絲綢之路的原始史料性文獻。

海上絲綢之路概念的形成，經歷了一個演變的過程。十九世紀七十年代德國地理學家費迪南・馮・李希霍芬（Ferdinad Von Richthofen，一八三三～一九〇五），在其《中國：親身旅行和研究成果》第三卷中首次把輸出中國絲綢的東西陸路稱爲『絲綢之路』。有『歐洲漢學泰斗』之稱的法國漢學家沙畹（Édouard Chavannes，一八六五～一九一八），在其一九〇三年著作的《西突厥史料》中提出『絲路有海陸兩道』，蘊涵了海上絲綢之路最初提法。迄今發現最早正式提出『海上絲綢之路』一詞的是日本考古學家三杉隆敏，他在一九六七年出版《中國瓷器之旅：探索海上的絲綢之路》中首次使用『海上絲綢之路』一詞；一九七九年三杉隆敏又出版了《海上絲綢之路》一書，其立意和出發點局限在東西方之間的陶瓷貿易與交流史。

二十世紀八十年代以來，在海外交通史研究中，『海上絲綢之路』一詞逐漸成爲中外學術界廣泛接受的概念。根據姚楠等人研究，饒宗頤先生是華人中最早提出『海上絲綢之路』的人，他的《海道之絲路與昆侖舶》正式提出『海上絲路』的稱謂。選堂先生評價海上絲綢之路是外交、貿易和文化交流作用的通道。此後，大陸學者馮蔚然在一九七八年編寫的《航運史話》中，使用『海上絲綢之路』一詞，這是迄今學界查到的中國大陸最早使用『海上絲綢之路』的人，更多地限於航海活動領域的考察。一九八〇年北京大學陳炎教授提出『海上絲綢之路』研究，并於一九八一年發表《略論海上絲綢之路》一文。他對海上絲綢之路的理解超越以往，且帶有濃厚的愛國主義思想。陳炎教授之後，從事研究海上絲綢之路的學者越來越多，尤其沿海港口城市向聯合國申請海上絲綢之路非物質文化遺産活動，將海上絲綢之路研究推向新高潮。另外，國家把建設『絲綢之路經濟帶』和『二十一世紀海上絲綢之路』作爲對外發展方針，將這一學術課題提升爲國家願景的高度，使海上絲綢之路形成超越學術進入政經層面的熱潮。

與海上絲綢之路學的萬千氣象相對應，海上絲綢之路文獻的整理工作仍顯滯後，遠遠跟不上突飛猛進的研究進展。二〇一八年厦門大學、中山大學等單位聯合發起『海上絲綢之路文獻集成』專案，尚在醞釀當中。我們不揣淺陋，深入調查，廣泛搜集，將有關海上絲綢之路的原始史料文獻和研究文獻，分爲風俗物産、雜史筆記、海防海事、典章檔案等六個類别，彙編成《海上絲綢之路歷史文化叢書》，於二〇二〇年影印出版。此輯面市以來，深受各大圖書館及相關研究者好評。爲讓更多的讀者親近古籍文獻，我們遴選出前編中的菁華，彙編成《海上絲綢之路基本文獻叢書》，以單行本影印出版，以饗讀者，以期爲讀者展現出一幅幅中外經濟文化交流的精美畫卷，爲海上絲綢之路的研究提供歷史借鑒，爲『二十一世紀海上絲綢之路』倡議構想的實踐做好歷史的詮釋和注脚，從而達到『以史爲鑒』『古爲今用』的目的。

凡例

一、本編注重史料的珍稀性，從《海上絲綢之路歷史文化叢書》中遴選出菁華，擬出版百册單行本。

二、本編所選之文獻，其編纂的年代下限至一九四九年。

三、本編排序無嚴格定式，所選之文獻篇幅以二百餘頁爲宜，以便讀者閱讀使用。

四、本編所選文獻，每種前皆注明版本、著者。

五、本編文獻皆爲影印，原始文本掃描之後經過修復處理，仍存原式，少數文獻由於原始底本欠佳，略有模糊之處，不影響閱讀使用。

六、本編原始底本非一時一地之出版物，原書裝幀、開本多有不同，本書彙編之後，統一爲十六開右翻本。

目録

歐人東漸前明代海外關係 譚春霖 著
民國二十五年《燕京大學政治學叢刊》鉛印本……一
歐化東漸史 張星烺 著
民國二十年上海商務印書館鉛印本……六五

歐人東漸前明代海外關係

歐人東漸前明代海外關係

譚春霖 著

民國二十五年《燕京大學政治學叢刊》鉛印本

燕京大學政治學叢刊第二十七號

廿八、九、廿六

歐人東漸前明代海外關係

譚春霖著

歐人東漸前明代海外關係

目錄

一 引言……一
二 明代番國政策……二
(一)不勤遠略……二
(二)封國與宗主國……九
(三)寬懷仁政……一四
三 明代對外貿易……一九
(一)懷柔政策……一九
(二)番舶稅制……二四
(三)貢舶與商舶……二六
(四)互市規則……二九

四　市舶司……三〇
(一)市舶司之制度及職務……三〇
(二)市舶司沿革……三三
(三)市舶司罷撤之原因及其意義……三八
(四)復市舶之議論……四一
五　海禁……四五
(一)海禁之由來……四五
(二)海禁狀況……四八
(三)弛海禁……五一
六　結論……五四
(一)明代對外貿易政策與宋元比較……五四
(二)倭患對明代海外關係之影響……五六

歐人東漸前明代海外關係

一　引言

研究明代中外關係者，多著重於正德間葡人來華之後，蓋以此爲歐人東漸之始，開吾國海外關係史上之新紀元，且外人記述亦多，當時實況較易明瞭，舍重就輕，學者每以此爲探討之中心。因之歐人東漸以前一段歷史，甚少有所闡述，即偶有論及，亦復語焉不詳。吾人致此期海外關係，上承宋元之遺制，下啟近代之海通，實處於過渡時期，是則當時對番國之態度如何，其所採之商業政策如何，制度如何，情況如何，豈可不詳加攷覈，以明其與前代之遞遷，與現代之異同？

然研究此問題之困難，厥爲當時記載之零星，與官史之不詳細。茲篇之作，初從明實錄着手，蓋以此種材料卷帙浩繁，學人裹足，其中當有不少紀載，足資當時情況之說明，而未經前人所採用者。不幸剛及孝宗一朝，華北局勢漸呈緊張，北平圖書館爲安全起見，善本盡數南遷，其他圖書館之庋藏，亦以預備裝箱關，明實錄之研究，於是不能不中輟。不只此也，其他重要史料如明朝纂修之廣東，福建，浙江等地方志，亦以善本而受同一之遷動，不獲參閱。雖然，數月以來搜集所得，亦已不少，而北平圖書館善本之運回，又復遙遙無期，安可不先爲一結束，以就正於海內通人？故茲篇之作，掛漏在所不免，惟求來日得以修正耳。

二　明代番國政策

(一)不勤遠略

明太祖驅元主治中國，一反元朝海外雄霸政策，蓋以海內初定，待治孔亟，遠方番夷，「得其地不足以供給，得其民不足以使令」，窮兵黷武，殊屬非計。故即位之初，雖嘗遣使報高麗，日本，占城，(Champa) 爪哇西洋諸國；（註二）及遣使頒科舉詔於高

註一：明太祖實錄，卷三七，卷三八。

麗安南占城，（註二）並祭祀其山川；（註三）繼續元朝以來與番國之關係，惟其不勤遠略之政策，昭然若揭。洪武四年（一三七一）九月帝御奉天門，諭省府台臣曰：（註四）「海外蠻夷之國，有為患於中國者，不可不討，不為中國患者，不可輒自興兵。古人有言，地廣非久安之計，民勞乃易亂之源。如隋煬帝妄興師旅征討琉球，殺害夷人，焚其宮室，俘虜男女數千人，得其地不足以供給，得其民不足以使令，徒慕虛名，自弊中土，載諸史冊，為後世譏。朕以諸蠻夷小國，阻山越海，僻在一隅，彼不為中國患者，朕決不伐之。惟西北胡戎，世為中國患，不可不謹備之耳。卿等當記斯言，知朕此意。」

是故對於番國，在求容忍以免激成大變；宥愆赦罪，以使近悅遠來。洪武五年（一三七二）七月庚午，高麗王王顓遣使奉表進貢，表言耽羅國恃其險遠，不奉朝貢，及多

註二：皇明法傳錄，卷五。

註三：太祖實錄，卷五二。

註四：太祖實錄，卷六八。

有蒙古人留居其國，逃逋所聚，恐爲寇患，乞發兵討之，太祖卽賜顥璽書曰：（註五）

「朕聞近悅遠來，赦罪宥愆，此古昔王者之道。治大國如烹小鮮，乃老聃之言，寬而不急，斯爲美矣。……因小隙而構成大禍者，智士君子之所愼。……朕若效前代帝王併吞邊夷，務行勢術，則耽羅之變，起於朝夕，豈非因小隙而構大禍者乎？」

蓋往昔中國之君，對番國態度，不出二途，卽「以力服之」與「以德懷之」二者是矣。自明太祖視之，以力得之者，其爲生民之禍必甚烈，（註六）所謂天子有道，守在四夷，必以德懷之，以威福之，使四夷臣服，各守其地，斯爲上策。若征伐窮兵，徒耗中國而無益。（註七）故洪武二十八年間（一三九五）朝鮮釁生釁端，侮慢不敬，廷臣請興師問罪，帝則引古人之言，「不勤兵於遠」而止。（註八）及三十一年（一三九八）五軍都督

註五：太祖實錄，卷七五。

註六：洪武十四年十二月諭遼東都指揮使，太祖實錄，卷一四〇。

註七：洪武十五年九月桂彥良上「太平治要」，太祖實錄，卷一四八。

註八：太祖實錄，卷二四三。

府及兵部臣以朝鮮仍不悛改，再請討之，帝亦不允，諭曰：

「朕欲止朝鮮生釁者，將以安民也。興師伐之固不難，得無殃其民乎?」（註九）

此種懷遠仁政，引而伸之，對於番國之內政，自不多干預，而使之各自爲治。洪武七年（一三七四）五月賜高麗王王顓璽書，即明白言之：

「……朕觀古昔，自侯甸綏服之外不治，令其國人自治之。蓋體天道以行仁，惟欲其民之安耳。不爲誇詐，不寶遠物，不勞夷人，聖人之心，弘矣哉!……」（註一〇）

及洪武二十九年（一三九六）朝鮮國王李旦遣使請印誥，帝不許，其下禮部臣之諭，更言及使番國各自爲治之理由：

「古昔帝王……撫安華夏，其四夷外番，風俗殊異，各有酋長自置其民，初不以中國法令治之，此內外遠近之別也。今朝鮮僻在東隅，遠隔山海，朕嘗勅其禮從

註九：太祖實錄，卷二五七。

註一〇：太祖實錄，卷八九。

本俗，使自爲聲敎，來則受之，去則勿追。……」（註一一）是則由不干其政而至於放任矣。明太祖對番國政策之消極，於對日本爲尤顯。日本以元世祖嘗發兵十萬往討之，遇暴風，全師覆沒也，乃謂天下無敵，故雖間或納貢，而詭詐傲慢，跋扈不敬；更縱民爲盜，肆寇海濱，羣臣屢請討伐，太祖怵於元之覆轍，終不敢行。（註一二）及洪武十七年（一三八四）與胡惟庸通謀叛逆，罪有應得矣，而太祖亦不討伐，只著爲訓典，命絕之而已。（註一三）

然明太祖之不務遠略，非惟終身行之，更著爲祖訓，以垂永遠，其訓言曰：

「四方諸夷，皆限山隔海，僻在一隅，得其地不足以供給，得其民不足以使令。若其自不揣量，來撓我邊，則彼爲不祥；彼既不爲中國患，而我興兵輕伐，亦不祥也。吾恐後世子孫，倚中國富强，貪一時戰功，無故興兵，致傷人命，切記不

註一一：太祖實錄，卷二四四。

註一二：洪武十四年七月戊戌，禮部書責日本王及日本征夷將軍，太祖實錄，卷一三八。

註一三：張時徹等（嘉靖三十九年）修：寧波府志，卷二二。

可。……」

又列不征之國十一，曰朝鮮，曰日本，曰大琉球，曰小琉球，曰安南，曰暹羅，曰占城(Champa)，曰蘇門答剌(Atcheh)，曰爪哇，曰白花，曰浡泥(Borneo)，(註一四)其消極持重，有若是者。

然祖訓雖諄諄告誡，成祖入纘丕緒，即欲耀兵異域，長馭遠駕，通道于西南諸番，以示中國富强。永樂元年(一四〇三)九月遣中官馬彬等使爪哇諸國。(註一五)三年六月又命鄭和及其儕王景弘等通使「西洋」，將士卒二萬七千餘人，齎金幣，造大船，自蘇州至福建，復自福建揚帆，達占城，以次徧歷諸番國，宣天子詔，因給賜其君長，不服則懾以武力。(註一六)計前後六次，受朝命而入貢者二十餘國。(註一七)乃頒曆於朝鮮諸

註一四：皇明祖訓。

註一五：明史，成祖本紀。

註一六：明史，卷三〇四，鄭和傳。

註一七：黃省曾：西洋朝貢典錄序；參看伯希和：鄭和下西洋攷(馮承鈞譯)。

國，著爲令。（註一八）封滿剌加（Malacca），日本，浡泥（Borneo），柯枝（Cochin）等國之山而賜之銘詩。（註一九）而番王來朝，亦一時稱盛焉。（註二〇）

然成祖遠略最顯著者，決爲永樂五年（一四〇七）對安南所採之政策。彼不獨置太祖典訓于不顧，實行討伐安南，且從而積極華化之，一反明代使屬國因俗而治之通例。如改安南爲交阯，設三司，領以華官；分其地爲十五府，三十六州，一百八十一縣；（註二一）又頒行禮制，（註二二）董以學校，風以詩書，（註二三）均一如國內之治。雖以

註一八：明史，卷六，成祖本紀。

註一九：沈德符：野獲編，卷一，賜外國詩。

註二〇：明會要，卷一五。

註二一：明史，卷三二一，安南傳。

註二二：太宗實錄，卷二一四。

註二三：田汝成：安南論，見皇明經濟文輯，卷二三。

約束過驟，法令峻嚴，(註二四)加以後來官吏失人，貪汚無識，(註二五)致失衆心而叛亂繼起，然成祖之雄圖壯志，比之漢武，不多讓焉。

成祖以後，明代帝皇，無復有遠志，垂拱守成，悉皆回復太祖時之消極政策。祖訓垂誡，屢相引用，海外貢使漸疏，遠方至者漸稀，太祖之番國政策，除永樂一朝之革動外，又復一貫矣。

(二)封國與宗主國

然而吾人當注意者，明代對番國雖不求積極干預，却非絕對放棄，無亦求以寬懷王道使之自治，不出於武力强霸而已。故番國之與中國，維持屬國對宗主國之關係。番國之王，必受中國册封，國王薨逝或遜位，必請命于朝，受封爵後，始能卽位爲王，否則只能「權知國事」。(註二六)朝鮮爲中國東藩，奉正朔，謹朝貢，與中國之關係較其他番

註二四：弇州史料前集，卷一七。

註二五：弇州史料前集，卷一八。參看永樂十七年十二月黃宗載言，太宗實錄，卷二一九。又宣宗實錄，卷三。

註二六：明史，卷三二〇，頁五；英宗實錄，卷二七七。

國更密。(註二七)故王妃之置，(註二八)世子之立，(註二九)莫不請命于朝，乞賜封誥。至如朝廷慶喪大典，亦莫不祭賀惟謹，恪守臣節。(註三〇)

封國之於朝廷，除依時納貢，致屬國敬禮外，尙有兩種重要義務。其一爲輸餉：洪武十年(一三七七)，太祖命助教楊盤往使安南，令饋雲南軍餉，安南王即輸五千石於臨安；又洪武二十七年(一三九四)，「遣刑部尙書楊靖諭令輸米八萬石，餉龍州軍，季犛輸一萬石，餽金千兩，銀二萬兩，言龍州陸道險，請運至憑祥洞，靖不可，令輸二萬石於沲海江」。(註三一)其一爲出兵：永樂四年征討安南，命占城助兵討逆；(註三二)正

註二七：參看成化十三年十一月乙亥詔，憲宗實錄，卷一七二。

註二八：憲宗實錄，卷二一二。

註二九：英宗實錄，卷二六九。

註三〇：參看英宗實錄，卷三四九；憲宗實錄，卷五，七，八；大明會典，卷九七。

註三一：明史，卷三二一，頁三五四。

註三二：明史，卷三二四；太宗實錄，卷五八。

統十三年（一四四八）冬，命使調發朝鮮及野人女直兵，會遼東，征北寇；（註三三）成化四年（一四六八）征建州，勅朝鮮國王李瑈出兵以助征。（註三四）輸餉與出兵，俱爲嚴重之義務，極足以表示屬國對於宗主國之服從，以及兩方關係之嚴緊也。

其實，朝廷對於封國之內政，雖不採積極干涉政策，然亦非完全不聞不問，不過只站在勸諭之地位，不尙武力，不事壓迫而已。安南簒弒，成祖討伐不論矣，洪武年間，朝鮮權相李仁人弒國王王顓，立寵臣辛旽之子禑爲王，太祖不獨却其貢，且降敕責之。（註三五）又洪武二年（一三六九），聞高麗王好釋氏，不修城郭兵甲，乃諭以設險守國之道，幷誡以梁武爲鑑。（註三六）

此外屬國有爭，必稟命於朝。但明朝對此所採之策略，大約成祖積極而外，其餘悉

註三三：明史，卷三二〇，頁八。

註三四：憲宗實錄，卷五〇。

註三五：太祖實錄，卷一一六。明史，卷三二〇，頁二五三。

註三六：太祖實錄，卷四六。

都秉承太祖例鑑，以天道曉喻，採勸勉態度。洪武二年，占城遣使來貢，言安南以兵侵擾，太祖詔諭各安其分，誠以畏天之道，詔至，兩國皆罷兵。（註三七）十二年（一三七九）安南再搆釁，諭之曰：

「安南與占城忿爭，將十年矣，是非彼此，朕所不知。其怨未消，其讎未解，將如之何？爾如聽朕命息兵養民，天鑒在上，必有無窮之福。……」（註三八）

是純採中人態度，居調停地位矣。惟成祖秉征服安南之餘威，對于屬國之爭執，則採堅決積極政策。永樂五年（一四〇七）占城（Champa）貢使返，風飄其舟至彭亨（Pahang），暹羅索取其使，羈留不遣，蘇門答剌（Atcheh）及滿剌加（Malacca）又訴暹羅恃強發兵奪天朝所賜印誥，帝降敕責之曰：

「占城蘇門答剌滿剌加與爾俱受朝命，安得逞威拘其貢使，奪其誥印。天有顯，福善禍淫，安南黎賊，可爲鑒戒，其卽返占城使者，還蘇門答剌滿剌加印誥，

註三七：太祖實錄，卷四七。

註三八：太祖實錄，卷一二八。

自今奉法循理，保境睦隣，庶永享太平之福。」（註三九）

是則以安南事件爲警戒，進而命令之矣。又永樂十七年（一四一九）十月，以暹羅欲侵滿剌加，下敕諭之曰：

「滿剌加國王已內屬，則爲朝廷之臣。彼如有過，當申理於朝廷。不務出此，而輒加兵，是不有朝廷矣。……」（註四〇）

則更由居中之地位，進而之宗主國對屬國爭端必然干預之地位，視太祖之「番夷之人，爭執常事」，不必深論之態度積極多矣。

成祖以降，明代帝皇又回復太祖之政策。遇屬國有爭執，不以天道爲戒諭，即以禮法爲勸導。例如景泰元年三月敕安南國王曰：

「茲者占城國王訴王屢肆侵害，俘虜其國人口，共計男婦三萬三千五百。又敎誘以不順天道，惟利是求。占城雖可欺，天道不可拂。王於此事有無，朕亦未嘗盡

註三九：太宗實錄，卷七二。

註四〇：太宗實錄，卷二二六。

信，敕至宜安分守禮，保邦睦隣，前事有則改之，無則加勉。……」（註四一）

更明顯之例，莫如成化十年（一四七四），安南占據占城幷擄其國王及家屬時憲宗所採之政策。時兵部言，安南恃强併呑封國，所係非小，宜下公卿博議。於是英國公張懋等以爲安南强暴，固宜聲罪致討，「第帝王之於夷狄，以不治治之」，且今未得占城所以滅亡之故，不可輕動。（註四二）事情一經遷延，又只可以敕諭勸導了之矣。

（三）寬懷仁政

明朝對番國之政策，爲一貫的以德服人之寬懷感化政策。吾人試一攷其對當時貢使之跋扈滋擾所採之態度，自更明瞭。景泰年間，四夷入貢者多至千人，所過輒需酒食諸物，凴陵驛傳，往往毆擊人至死。平江侯陳豫奏日本使臣至臨清掠奪居人，及令指揮往詰，又毆之幾死。巡撫廣東侍郎揭稽亦言爪哇使臣狡猾，不遵約束，宜重懲之。於是禮部請執治其正副使及通事人等。帝不聽，只勑其國王，今後宜擇人爲使，幷宜戒飭使臣

註四一：英宗實錄，卷一一九。

註四二：憲宗實錄，卷一三六。

謹守禮法而已。（註四三）成化四年（一四六八），日本國使臣麻答二郎于市買物，使酒手刃傷人。禮部奏其強橫行兇，宜加懲治；帝以遠夷免下獄，傳其正使淸啟治之。（註四四）六年，琉球貢使程鵬至福州與指揮劉玉私通貨賄，理宜并治，帝命治玉而宥鵬。（註四五）又成化十七年，暹羅蘇門答剌二國使臣朝貢還，舟人數其途中買貧民子女，多載私鹽，且爲諸不法事，帝亦念其遠人，不之懲治。（註四六）而只賜諸番國勅曰：

「曩者，海外諸國并西域蕃王等遣使臣朝貢，沿途多索船馬，夾帶貨物，裝載私鹽，收買人口，酗酒逞兇，騷擾驛遞，非禮違法，事非一端，所經官司，累章陳奏。欲依國法治之，則念其遠人，欲不治之，則中國之人被其虐害。今特降敕開諭，繼今以後，王遣使臣，必選曉知大體，謹守禮法者，量帶傔從，嚴加戒飭，

註四三：英宗實錄，卷二三四。
註四四：憲宗實錄，卷六〇。
註四五：明史，卷三二三，頁六。
註四六：憲宗實錄，卷二一七。

小心安分，毋作非爲，以盡奉使之禮，以伸納欵之忱，俾奉使者得以保全，供應者得免煩擾，豈不彼此兩全哉！」(註四七)

對貢使旣極其寬宥，關於朝貢賞賚，亦「厚往而薄來」，恩惠有加。(註四八)洪武五年(一三七二)八月高麗使者洪師範鄭夢周等渡海洋，遭颶風，舟壞，師範等三十九人溺死，夢周等一百十三人漂至嘉興界，帝憫之，謂中書省曰：

「曩因高麗貢獻煩數，故遣延安答里往諭此意。今一歲之間，貢獻數至，旣困弊其民，而使涉海道路艱險，如洪師範歸國蹈覆溺之患，幸有得免者能歸言其故，不然，豈不致疑？夫古者諸侯之於天子，比年一小聘，三年一大聘，若九州之外，蕃邦遠國，則惟世見而已。其所貢獻，亦無過侈之物。今高麗去中國稍近，人知經史，文物禮樂，略似中國，非他邦之比。宜令遵三年一聘之禮，或比年一來，所貢方物，止於所產之布十匹足矣，毋令過多。中書其以朕意諭之。占城，安

註四七：憲宗實錄，卷二二〇。

註四八：太祖實錄，卷七一。

南，西洋瑣里，爪哇，三佛齊，暹羅斛，眞臘等國，新附遠邦，凡來朝者，亦明告以朕意。」（註四九）

九年，安南陳煓遣其通議大夫黎亞夫等來朝貢方物，上再謂中書省臣曰：「諸夷限山隔海，若朝貢無節，實勞遠人，非所以綏輯之也。去歲安南來請朝貢之期，已諭以古禮，或三年或世見，今乃復遣使至，甚無謂也。其更以朕意諭之。番夷外國，當守常制，三年一貢，無更頻數來朝，使臣亦惟三五人而止，奉貢之物，不必過厚，存其誠敬可也。」（註五〇）

蓋以遣使入貢，原在乎誠，表示對宗主國臣服之意，大國並不倚此爲富。故來若不誠，雖貢必却。（註五一）苟如眞心嚮慕，綏民安國，「雖數世不朝，亦無所責」。（註五二）

註四九：太祖實錄，卷七六。

註五〇：太祖實錄，卷一〇六。

註五一：洪武十三年日本國王良懷遣其臣來貢方物，無表，帝以不誠，却之（仝上，卷一三一）。洪武十六年，高麗賀正表，延期至，帝以明知不能及期，只求塞責，實乏誠心，諭却之（仝上，卷一五一）。參看洪武十八年正月丁丑諭禮部臣，仝上，卷一七〇。

註五二：洪武二十二年八月癸卯因高麗朝貢諭禮部，仝上，卷一九七。

吾人綜上太祖之諭旨，可知當時限貢，實由於體卹遠人之心，其援稽古例，不外求民力免於勞瘁而已。

無如詔諭屢下，來者並不少戢。（註五三）尤以琉球爲最，請求歲貢，再接再厲。（註五四）於是朝廷漸發覺番國之所以欲頻貢者，均出於「窺市販之利」。（註五五）加以外番朝貢頻數，供億浩繁，勞斂中國，亦屬非計。（註五六）故雖外番奏請之再，仍維持洪武定下之例。然此不過後來之枝節耳，限貢本意，若溯其源，蓋由於懷柔庶邦，體恤遠人之仁政也。

註五三：英宗實錄，卷一六九。

註五四：成化十一年四月，憲宗實錄，卷一四〇；十三年四月，仝上，卷一六五；十四年四月，仝上，卷一七七；十六年四月，仝上，卷二〇二；十八年四月，仝上，卷二一六。

註五五：憲宗實錄，卷一七七，卷二〇二，卷二一六。

註五六：洪熙元年七月許銘言，宣宗實錄，卷三；正統八年七月勅爪哇國王書，英宗實錄，卷一〇六。

三　明代對外貿易

（一）懷柔政策

明朝對外商業政策，與宋元不同。宋朝海外貿易，大都以廣收入爲政策，故抽解繁重，（註五七）市舶歲課稍虧，即加究詰。（註五八）皇佑中，總歲入象犀珠玉香藥之類，其數五十三萬有餘，至治平中又增十萬，（註五九）皆重視收入之結果也。元朝雖一方罷海商之禁，以招徠遠人，他方仍嚴密抽分以爲利。（註六〇）及乎明朝，對外貿易，一反宋元之收入政策，而側重懷柔遠人，一貫其對番國之寬懷仁政。蓋自明帝視之，征課所得無多，遠人跋涉辛苦，當加體恤，故海舶至境，時有免予徵稅之詔。洪武二年九月定

註五七：宋史，卷一八六，食貨志一三九。

註五八：仝上。

註五九：仝上。

註六〇：新元史，卷七二，食貨志。

番王朝貢禮，卽著先聲，諭番王來貢，「若附至番貨欲與中國貿易者，官抽六分給價以償之，仍除其稅」。（註六一）三年十月，高麗使者入貢，多齎私物貨鬻，中書省臣請征其稅，帝曰：「遠夷跋涉萬里而來，暫爾鬻貨求利，難與商賈同論，聽其交易，勿征其稅」。（註六二）四年七月，占城國王遣臣朝貢，帝諭福建行省：「占城海船貨物，皆免其征，以示懷柔之意」。（註六三）是年九月，高麗三佛齊入貢，其高麗海船至太倉，三佛齊海船至泉州海口，戶部請征其稅，詔勿征。（註六四）十七年（一三八四）正月，更命有司：「凡海外諸國入貢，有附私物者，悉蠲其稅」。（註六五）成祖本其臣服四方之鴻圖，卽位之初，卽諭禮部，開放互市，以懷遠人，詔曰：

註六一：太祖實錄，卷四五。
註六二：太祖實錄，卷五七。
註六三：太祖實錄，卷六二。
註六四：太祖實錄，卷六八。
註六五：太祖實錄，卷一五九。

「太祖高皇帝時，諸番國遣使來朝，一皆遇之以誠，其以土物來市易者，悉聽其便，或有不知避忌而誤干憲條，皆寬宥之，以懷遠人。今四海一家，正當廣示無外，諸國有輸誠來貢者聽，爾其諭之，使明知朕意。」(註六六)

本乎四海一家之原則，不只互市無禁，番人有願入中國者亦不之阻。永樂元年十月帝謂禮部臣曰：

「帝王居中，撫馭萬國，當如天地之大，無不覆載，遠人來歸者悉撫綏之，俾各遂所欲。……自今諸番國人願入中國者聽。」(註六七)

此具國際眼光之政治家，對于稅課，絕不重視。永樂元年「西洋」剌泥國回回哈只馬哈沒奇等來朝貢方物，因附載胡椒與民互市，有司請徵其稅，帝不聽，曰：

「商稅者，國家所以抑逐末之民，豈以爲利？今夷人慕義遠來，乃欲侵其利，所得幾何，而虧辱國體萬萬矣。」(註六八)

註六六：太宗實錄，卷一二。
註六七：太宗實錄，卷二四。
註六八：仝上。

由是觀之，明初對于海外貿易，絕不以宋元之以收入爲中心。爲懷柔番邦，隨貢而來之貨物，每免其稅，以示仁政，而表大國不斷斷於利獲也。不只隨貢而來之海舶，以及附貢而至之貨物，得此待遇。貢使下人，其私携貨物，偷販以營利，亦往往蒙恩邺，不之收沒。例如：

「洪武二十三年正月，琉球中山王遣使貢方物，所遣通事，私携胡椒三百餘斤，乳香十斤，守門者驗得之以聞，當沒入，詔皆還之，仍賜以鈔。」(註六九)

又如正統元年（一四三六），琉球使者入貢，下人所賫海肥螺殼，失于開報，悉爲官司所沒入，致來往乏資，乞賜垂憫，命給値如例。(註七〇)二年，貢使至浙江，與市舶者復請籍其所齎，帝曰，「番人以貿易爲利，此二物取之何用，其悉還之，著爲令」。(註七一)

註六九：太祖實錄，卷一九九。

註七〇：明史，卷三二三，頁五。

註七一：英宗實錄，卷二七。

對於番人互市，不只時存恩恤之心，且亦屢下保護之詔。成化五年（一四六九），有番舶被風吹至九星洋，審知爲琉球國所遣使臣來貢者，告欲貿易土貨，往福建造船回國，命移文廣東巡撫等官，審無虛詐，卽許貿易。幷「禁約下人，不得因而侵損，失彼向化之心」。（註七二）弘治三年（一四九〇），琉球貢使所携土物與閩人互市者，爲奸商抑勒，有司又從而侵削之，使者訴於朝，下詔禁止。（註七三）

綜上所得，吾人知明初對於海外貿易，其隨貢而至者，每受寬待與保護。朝鮮琉球，恪守臣禮，曾未寇邊，受遇特隆，而西南諸番，亦以未曾侵叛，享互市之自由。惟日本倭寇，常爲邊患，故嘗一度絕之，後又限以十年一貢，船止二隻，人止二百。（註七四）計自永樂以至正德（一四〇三——一五二一），海外貿易，政策一貫，制度一致，至嘉靖

註七二：憲宗實錄，卷六六。

註七三：明史，卷三二三，頁七。

註七四：永樂二年定。宣宗朝入貢踰額，復申定格例，船毋過三隻，人毋過三百。張時徹等修：寧波府志，卷二二，海防。

初年始起變動者，倭患使然也。

(二)番舶稅制

明朝既不以徵稅爲海外貿易之中心，故對於稅率無嚴密整齊之制度。據大明會典，凡番國進貢，國王王妃及使臣人等附至貨物，以十分爲率，五分抽入官，五分給還價值，必以錢鈔相兼。國王王妃，錢六分，鈔四分；使臣人等，錢四分，鈔六分。又以物折還，如鈔一百貫，銅錢五串，九十五貫折物；以次加增，皆如其數。如奉旨免抽分者不爲例。(註七五) 暹羅，爪哇，浡泥(Borneo)，西洋瑣里(Chola)，蘇祿(Sulo)，滿剌加(Malacca)等國附來貨物，俱給價免抽。(註七六) 日本國附來貨物，俱給價，不堪者，令自貿易。(註七七) 凡番國進貢船內，搜出私貨，照例入官，俱不給價，其奉旨給與者不爲例。(註七八) 由是觀之，明朝對於附貢貨物，除日本時或准其自行貿易外，均

註七五：大明會典，卷一〇二。

註七六：大明會典，卷一〇一；天下郡國利病書，卷一一二。

註七七：大明會典，卷一〇一。

註七八：大明會典，卷一〇二。

由官府收受，或則抽分，或則免抽而給全價。

至於番商齎貨物隨貢舶入市者，舟至水次，悉封籍之，抽其十二，乃聽貿易。(註七九)

抽分所得，其初悉解京師。大明會典載：除國王進貢外，番使人伴附搭物貨，官給價鈔收買，然後布政司仍同各衙門官將貨稱盤，見數分豁，附餘數目，差人起解至京入庫。(註八〇)其後漸以一部分爲地方餉胥。正德十四年（一五一九），都御史陳金等題請將暹羅滿剌加等國夷船貨物，俱以十分抽三，將貴細解京，麤重變賣，留備軍餉。(註八一)兩廣巡撫都御史林富上言，亦謂番舶抽分，一方足供御用，一方可節充地方軍餉。(註八二)嘉靖五年（一五二六），姚都御史奏請暹羅國進貢，將陪貢附搭貨物，十

註七九：天下郡國利病書，卷一二〇；張嗣衍：廣州府志，卷八，關津。

註八〇：大明會典，卷九六。

註八一：天下郡國利病書，卷一二〇。

註八二：仝上。

分抽二，以備軍餉，方物解京，是則直欲以抽分所得，全部留爲地方軍餉矣。（註八三）

（三）貢舶與商舶

明初，海外貿易，只限於貢舶，外貨來華，均須附貢舶以至；蓋明之對外貿易所以懷柔遠邦，只限於朝貢之國也。是當時無所謂貢舶與商舶，二者實一而二，二而一。凡外夷進貢者，皆設市舶司領之，許帶貨物，官設牙行，與民貿易，謂之互市。換言之，有貢舶即有互市，非入貢即不許其互市。貢舶者，王法之所許，市舶之所司，貿易之公也。海商倘離貢舶而自來，爲王法之所不許，市舶之所不經，貿易之私也。（註八四）要而言之，在明代中央政府心目中，海外貿易，只有貢舶，無所謂商舶也。然至明代中葉，商舶私至者漸多，有代替貢舶而來之勢。弘治六年（一四九三），兩廣總督都御史閔珪奏稱：

「廣東沿海地方，多私通番舶，絡繹不絕，不待比號，先行貨賣。備倭官軍爲張

註八三：仝上。

註八四：王圻：續文獻通攷，卷三一。

勢，越次申報，有司供億，靡費不貲，事宜禁止。……」（註八五）

但據禮部意見，則自弘治元年（一四八八）以來，番舶自廣東入貢者，惟占城暹羅各一次，是則閔珪所奏番舶絡驛，必私來之商舶無疑。故不主不論皂白，揭榜禁約，蓋此適足以「阻向化之心，而反資私舶之利」；莫若自後嚴加審查，倘是依期而至之貢舶，即以禮館待，若是違礙之私舶，即阻回而治交通者罪。如是「送迎有節，則諸番咸有所勸，而偕來私舶，復有所懲而不敢至。柔遠之道，於是乎在」。（註八六）

然而私舶之來，並不因是少減。明世宗實錄正德十六年（一五二一）五月庚申有以下之記載：

「海上島夷自廣東入貢者，舊制驗實奏聞，則榷其貨以充國用。久之姦利之徒，冒稱入貢，去來無時，而有司利其所「榷」，漫不之禁，滋成內訌，民甚患之。至是守臣以聞。詔自今外夷來貢，必驗有符信，且及貢期，方如例榷稅。其姦民

註八五：孝宗實錄，卷七三。

註八六：仝上。

私船，不係入貢，不以期及，稱諸夷君長遣使貿遷者，並拒還之。」（註八七）

由是可知明代海外貿易，均以貢舶爲限。非朝貢之國，或非隨貢而來之私舶，皆在拒還之列。雖地方有司有時因利而不之禁，然中樞之政策固一貫不移也。

是故葡萄牙人之來，首以貢稱，而明朝拒絶之者，亦以其非朝貢之國也。世宗實錄關于此點記載頗明，茲錄之如下：

「正德間，海夷佛郎機逐滿剌加國王蘇瑞媽末而據其地，遣使加心丹木等入貢請封。會滿剌加國使者爲昔英等亦以貢至，請省諭諸國王及遣將助兵復其國，禮部已議絶佛郎機，還其貢使。至是廣東覆奏，海洋船有稱佛郎機國接濟使臣衣糧者，請以所賚番物，如例抽分。事下禮部復言，佛郎機非朝之國，又侵奪鄰[邦]，獷悍違法，挾貨通市，假以接濟爲名，且夷情叵測，屯駐日久，疑有窺伺，宜勅鎮巡守等官亟逐之，毋令入境。自今海外諸夷及期入貢者，抽分如例，或不賚勘

註八七：卷一，頁八八。據北京大學圖書館抄本。[ ]是錯字改正者。

合及非期而以貨至者，皆絕之。……」（註八八）

（四）互市規則

明制，附貢而至之貨物，由三司官會同市舶司，抽分給直之後，官設牙行，與民貿易。番商私賫之貨物，舟至水次，悉封籍之，抽其十二，乃聽貿易。第一種是官營性質；第二種是海關抽稅性質，然必先經官府盤檢抽分，始得與民互市。

然沿海居民，每以圖利私與番人交易。嘉靖三年（一五二四），乃以刑部御史王以之議，嚴定律例：凡番夷貢船，官未報視，而先迎販私貨者，比照私自下海收買番貨至千斤以上事例，邊衛充軍。交結番夷誆騙搆釁教誘為亂者，比照川廣雲貴陝西等處事例，邊衛永遠充軍。私代番夷收買禁物者，比照會同館內外軍民事例發遣。攬造違式海船私鬻番夷者，比照私賣應禁軍器事例處斬。（註八九）

番使至京，朝貢領賞之後，許於會同館開市三日或五日，惟朝鮮琉球不拘期限，由

註八八：正德十六年七月己卯。仝上，卷一，頁二〇〇。

註八九：王圻：續文獻通攷，卷三三；世宗實錄，北大本，卷一，頁三四二。

主客司出給告示於館門首張掛，禁戢收買史書及玄黃紫皂大花西番蓮段疋，並一應違禁器物。各舖行人等將物入館，兩平交易。染作布絹等項，立限交還。如賒買及故意拖延，騙勒夷人久候不得起程，並私相交易者問罪，仍于館前枷號一月。若番夷故違，潛入人家交易者，私貨入官，未給賞者量為遞減。通行守邊官員不許將曾經違犯番夷，起送赴京。凡會同館內外四鄰軍民人等，代替番夷收買違禁貨物者問罪，枷號一月，發邊衛充軍。（註九〇）

四　市舶司

（一）市舶司之制度及職務

明沿宋元制度，置市舶司提舉一人（從五品），副提舉二人（從六品），其屬吏目一人（從九品），所屬衙門驛丞一人。市舶提舉掌海外諸番朝貢市易之事，辨其使人表文勘合之眞僞，禁通番，征私貨，平交易，閑其出入而慎館穀之。吏目典出納文移，驛丞

註九〇：王圻：續文獻通攷，卷九二。

寓夷使僕，豐其食廩帳幕，而上下其等，必周防之。(註九一) 永樂元年（一四〇三）八月，命內臣齊喜提督廣東市舶，(註九二) 尋福建浙江亦如之。迄於明末，均爲中官領市舶之時代。

市舶司之職務，一方主抽分盤檢之務，以通夷情，抑姦商；一方兼領貢事，辨其使人表文勘合之眞僞。蓋明之對外貿易，只限於貢舶，非入貢卽不許互市。朝貢與互市不分，主管機關之職務亦兼而領之矣。

明初，凡外洋商舶及漁船諸稅，(註九三) 均隸市舶提舉司徵收。但至武宗時，關于泛海諸船之管轄，却發生問題。正德四年（一五〇九）三月，暹羅國船有爲風飄泊至廣東者，鎭巡等官議稅其貨以備軍餉，市舶太監熊宣計得預其事以要利，乃奏請於帝，禮部議阻之；詔斥宣妄攬事權，撤還回京，以畢眞代之。至五年七月，眞言舊制汎海諸船皆

註九一：王圻：卷九九；明史，卷七五，職官志。

註九二：明大政纂要，卷一三。

註九三：郝玉麟等修：廣東通志，卷二二，貢賦。

市舶司專理，近領於鎮巡及三司官，乞如舊便。禮部議：市舶職司進貢方物，其泛海客商及風泊番船，非敕旨新載，例不當預。是則禮部之意，直欲以市舶職司，僅限於進貢方物矣。惟劉瑾私眞，置禮部之議不顧，卒令眞預行。(註九四)

宋元舊制，市舶司除盤檢抽分由番國來華之貢舶外，華商由海道往外洋貿易者，亦須由市舶司註册給憑。(註九五) 明初，嚴禁下海通番，華人不能往外洋貿易，市舶司自無此種職務。及慶隆萬曆間，海禁稍弛，華商下海，漳泉各州，有水餉，陸餉，加增餉之徵，則又由海防同知管理，不歸于市舶司之職權。(註九六)

市舶司之設，原隸布政司，(註九七) 其後以內官領之，權勢漸加擴展。憲宗時居然

註九四：欽定續文獻通攷，卷二六；明史，卷八一，食貨志，卷三二四，暹羅傳；弇山堂別集，卷九四，中官考。

註九五：參看宋史，卷一八六，食貨志；新元史，卷七二，食貨志。

註九六：參看天下郡國利病書，卷九三，福建。

註九七：太宗實錄，卷二二。

與三司官抗衡。成化十六年（一四八〇）三月，提督廣東市舶內官韋眷劾奏總督兩廣軍務都御史朱英專權自恣，玩忽賊情，（註九八）此其一例。憲宗末年，頒敕諭市舶太監兼督海防，雖行之未久，即行釐正，（註九九）而市舶太監之氣焰日張。成化二十二年（一四八六），韋眷與廣東左布政司陳選起衝突，以選嘗奏減其役夫餘戶也，乃含恨奏劾，謂選陰庇番禺縣知縣高瑤，作爲不法，致選械解京師，卒於途中，（註一〇〇）此又一例也。正德初年，劉瑾弄政，市舶太監如畢眞之流，更盛極一時。嘉靖初，提督浙江市舶太監賴恩欲効成化之例，乞換敕諭兼提督海道，遇警得調軍官，雖經都給事中鄭自壁及兵部奏阻，詔仍給之。（註一〇一）自是市舶太監爲省屬之重要官吏焉。

（二）市舶司沿革

註九八：憲宗實錄，卷二〇一。

註九九：世宗實錄（北大本），嘉靖四年十一月乙亥，卷五，頁一七五。

註一〇〇：憲宗實錄，卷二八三。

註一〇一：世宗實錄，卷五，頁一七九。

吳元年（一三六七）太祖置市舶提舉司於太倉黃渡，洪武三年（一三七〇）以近京師罷之，改設於浙江之寧波，福建之泉州，廣東之廣州。（註一〇二）寧波通日本，泉州通琉球，廣州通占城，暹羅，「西洋」諸國。七年（一三七四）九月復罷，原因不可致；惟是年七月倭寇膠州，海州，大任海口一帶，勢甚猖獗，（註一〇三）因此之故不定。永樂元年（一四〇三），以海外番國朝貢之使，附帶貨物前來交易者，須有官專主之，遂命吏部依洪武初制，於浙江，福建，廣東設市舶提舉司，隸布政司，每司置提舉一員，副提舉二員，吏目一員。（註一〇四）既而又命內臣提督之。（註一〇五）三年（一四〇五）八月，以海外諸番朝貢之使益多，命於福建，浙江，廣東市舶提舉司各設驛以舘之，福建曰來遠，浙江曰安遠，廣東曰懷遠，各置驛丞一員。（註一〇六）六年（一四〇八）設交阯雲屯

註一〇二：籌海圖編，卷一二；太祖實錄，卷四九。
註一〇三：太祖實錄，卷九一至九三。
註一〇四：太宗實錄，卷二二。
註一〇五：皇明大政記，卷六。
註一〇六：太宗實錄，卷四六。

市舶提舉司，接西南諸國朝貢者。（註一〇七）

嘉靖二年（一五二三），日本使宗設宋素卿分道入貢，互爭眞僞，市舶中官賴恩納素卿賄，右素卿，宗設遂大掠寧波。給事中夏言言倭患起於市舶，遂悉罷之。（註一〇八）

按明史職官志，有謂「嘉靖元年給事中夏言奏，倭禍起於市舶，遂革浙江福建二市舶司，惟存廣東市舶司」，疑誤。考明世宗實錄，日本爭貢掠殺之事，記於嘉靖二年六月，（註一〇九）夏言因倭患始奏請罷市舶，是則其奏與罷，當在嘉靖二年，而非嘉靖元年矣。且嘉靖二年十月夏言所上「勘處倭寇事情疏」，尚有「乞敕兵部亟行福建鎮巡三司及市舶衙門，將前項收獲夷人，亦要以宗設作亂事情，會官嚴加審譯」之語，（註一一〇）是則當時尚有福建市舶司存在，其謂嘉靖元年

註一〇七：太宗實錄，卷七五。

註一〇八：明史紀事本末，卷五五；明史，卷八一，食貨志。

註一〇九：世宗實錄（北大本），卷三，頁一二九；卷三，頁一三四。

註一一〇：桂洲奏議，卷五；嘉靖二年十月癸巳，世宗實錄（北大本），卷三，頁一九六。

革福建浙江二市舶司，當不可能。至謂革福建浙江二市舶司，惟存廣東一司，亦不大可靠。明史中之食貨志，日本傳均是全罷之語氣，而無「惟存廣東一司」之提及。明史紀事本末更有「至是因言奏悉罷之」（註一一一）之語，則其為全罷，較為可信。

嘉靖八年（一五二九），兩廣巡撫林富鑑于廣東禁嚴，番舶潛至漳泉私易，廣東市井蕭條，奏陳市舶四利，（註一一二）力言暹羅（Siam）眞臘（Cambodge）爪哇三佛齊（Palembang）諸番恭順，未嘗為寇患，請開廣東番舶之禁，從之。

註一一一：卷五五。

註一一二：舊規番舶朝貢之外，抽解俱有則例，足供御用，其利一；除抽解外，節充軍餉—兩廣比歲用兵，庫藏日耗，藉此可充羨而備不虞，其利二；廣西仰給廣東，小有徵發，即措置不前，若番貨流通，則上下交濟，其利三；小民以懋遷為生，持一錢之貨，即得展轉販易，衣食其中，其利四。見兩廣奏疏，卷二；天下郡國利病書，卷一二〇。

嘉靖三十五年（一五五六），倭大掠福建。浙直都御史胡宗憲遣其客蔣明陳可願使倭宣諭，還報倭志欲通貢常，兵部議不可乃止。（註一一三）

三十九年（一五六〇），鳳陽巡撫唐順之上疏條陳海防經略，請復三市舶司，謂「舶之爲利也，譬之礦然，封閉礦洞，驅斥礦徒，是爲上策。度不得閉，則國收其利權而自操之，是爲中策。不閉不收，利孔泄漏，以資奸萌，嘯聚其人，斯無策矣。今海賊據浯嶼南澳諸島，公然擅番船之利，而中土之民，交通接濟，殺之而不能止，則利權之在也。宜備查國初設立市舶之意，毋泄利孔，使奸人得乘其便。此一事與臣所謂圖海外者相關，舊制之當復者。……」（註一一四）疏上，部議從之。

四十四年（一五六五），浙江巡撫劉畿言：「沿海港多兵少，防範爲艱，此釁一開，島夷嘯聚，禍不可測」。仍罷寧波市舶司。（註一一五）萬曆八年（一五八〇），裁福

註一一三：明史，卷八一，食貨志。
註一一四：荊川文集，卷二。
註一一五：明會要，卷五七，市舶。

建市舶司。（註一一六）萬曆中復通福建互市，惟禁市硝黃。二十七年（一五九九），福建浙江兩市舶司悉復，以中官領職如故。（註一一七）

(三)市舶司罷撤之原因及其意義

由是觀之，明代市舶司之罷撤，不出二種原因。(一)對于近畿之地，不願設置。蓋以海夷狡詐無常，廹近京師或行窺伺，殊爲不利。洪武初年罷黃渡市舶司而改設於福建，浙江，廣東者，爲此之故。（註一一八）據野獲編，其後寧波廢置者，亦以「近畿何爲奸民防也」。（註一一九）(二)爲防倭，洪武七年之罷福浙廣三市船司，其是否由於倭寇，不可致；惟嘉靖二年之罷撤，固由於夏言奏倭患起於市舶也。嘉靖四十四年寧波市舶司之罷革者，因於巡撫劉畿防倭寇之言。萬曆初，福建開而復禁，亦由於閩海倭寇勢熾

註一一六：閩大記，卷四。

註一一七：明史，卷八一，食貨志；孫爾準等修：福建通志，外紀，明洋市。

註一一八：籌海圖編，卷一二。

註一一九：野獲編，卷一二，戶部。

，如唐順之云：「賊之根本實在閩中」所致也。（註一二〇）

然市舶司罷撤，非謂市舶司一切職務遂停頓也。明初，市舶即貢舶，二者一事，蓋番貨只能附貢舶而至。當時市舶司隸于布政司，其勘合符部，盤檢抽分，均會同三司官辦理。故罷市舶司，貢舶之來也如故，所不同者，前者市舶司之職務，現統由三司官經理，或由其他地方官兼理而已。（註一二一） 故福浙廣三市舶司罷于洪武七年（一三七四），至永樂元年（一四〇三）始復置，而洪武十七年（一三八四）則有「海外諸國入貢，有附私物者悉蠲其稅」之詔，（註一二二） 三十五年（一四〇二）諭諸國朝貢，亦有「其以土物來市易者，悉聽其便」之命。（註一二三）可知當時雖無市舶司，而貢舶之來，附番貨而至者，仍不拒也。

註一二〇：籌海圖編，卷四；崇相集，嚴海禁疏。
註一二一：閩大記，卷四。
註一二二：太祖實錄，卷一五九。
註一二三：太祖實錄，卷一二。

然自正德以後，私舶至者日衆，漸與貢舶分而爲二，雖朝廷三令五申，（註一二四）而地方有司昧於收入，雖禁不嚴；（註一二五）沿海居民，利之所在，卽嚴亦不能止。王圻對當時商舶，有以下之記述：

「商舶乃「西洋」原貢諸夷，載貨泊廣東之私澳，官稅而貿易之，既而欲避抽稅，省陸運，福人導之，改泊海滄月港，浙人又導之，改泊雙嶼，每歲夏季而來，望冬而去。……」（註一二六）

是則當時之商舶，已佔重要位置，與前者之貢舶，爲番王所遣，有定期，有勘合表文爲驗者，適不相同。故前者市舶司之罷，只是官制的取締，職務的轉遞，而今之罷撤，則有對商舶嚴禁之意矣。

註一二四：見本文，「貢舶與商舶」。

註一二五：如正德十二年葡萄牙人突入東莞，布政司吳廷舉許其朝貢，爲之奏聞，便是一例，兩廣疏略，卷一。

註一二六：續文獻通攷，卷三一。

嘉靖二年罷市舶之結果，其爲貢舶也，依然不阻，由三司官管理，古城暹羅琉球日本等國亦繼續入貢。(註一二七) 其爲來無定時，驗無勘合之商舶也，法雖禁阻，而奸豪貪利，與之交通如故，尤以漳泉爲甚。廣東方面，自嘉靖八年（一五二九）林富之奏，番舶卽相通，但閩浙市舶司，遲至嘉靖三十九年（一五六〇），始獲復設焉。

(四)復市舶之議論

廣東舶禁雖開，閩浙方面仍罷。然勢豪貪于利，勾結海舶往來者如故。後更狡猾，每賒負弗償，致番商讐恨，憤起爲賊，勾倭入寇。(註一二八) 市舶之罷，原在防倭，但罷撤結果，利權操于下，倭寇不獨不止，奸豪外交內訌，爲禍益烈。嘉靖之季，言復市舶者漸衆，大抵不脫兩種見解，一爲防倭患問題，一爲利權收歸于上問題。而著重點還在頭一問題。蓋以利孔洩漏，爲寇亂之萌，利孔收歸于上，便可防寇亂。明代海外貿

註一二七：欽定續文獻通攷，卷二九，土貢攷；明史，卷一七，卷一八，世宗本紀。

註一二八：參看明史，卷八一，孫爾準等修：福建通志，卷八七，海禁；阮元等修：廣東通志，卷一八〇，經政略，二三。

易政策，根本不在乎利，其開其禁，在乎沿海得安寧，收入問題還在其次也。

嘉靖三十四年（一五五五），致仕僉都御史張濂，上復海市之議，卽全以弭倭亂爲出發點，其言曰：

「復海市以散從賊之黨。夫海市舊制，原非創設，向使瀕海之軍衛如故，則市舶未爲害也。惟武備日弛，不能制變，而後海禁漸嚴，倭寇乏食，海寇由之以起。惟軍民旣練，寇掠則懼遭斬，獲交易則可保首領，彼雖至愚，必不以彼易此。然後相機稍復海市之舊，不惟散已聚之黨，而瀕海窮民，假此爲生，又足以收未潰之心。」（註一二九）

兵部尚書鄭曉亦言罷市舶適足以資亂萌，謂「不復市舶，夷人必欲售貨，奸民必欲牟利，爲盜不已」。故官法愈嚴，小民寧殺其身，而通番之念愈熾。主張羈縻一海道有機敏有力量之商舶首領，活動行之，使之一方主理通商，一方負責倭變，而後抽其稅，以充軍餉，斯華夷兩利，海烽晏然。（註一三〇）

註一二九：明史紀事本末，卷五五。

註一三〇：籌海圖編，卷一二。

一方指陳市舶之利，一方攻擊舶禁限于閩海者，則有沈德符氏，其言曰：

「按市易之制，從古有之。而宋之南渡，其利尤溥。自和好後，與金國博易三處榷場，其歲入百餘萬緡，所輸北朝金繒，尚不及半。每歲終竟，於盱眙歲幣庫撥取，不關朝廷。我朝書生輩，不知軍國大計，動云禁絕通番，以杜寇患。不知閩廣大家正利官府之禁，爲私佔之地。如嘉靖間閩浙遭倭禍，皆起於豪右之潛通島夷，始不過貿易牟利耳，繼而强奪其寶貨，靳不與直，以故積憤稱兵，撫臣朱紈談之詳矣。今廣東市舶，公家尚收其羨以助餉，若閩中海禁日嚴，而濱海勢豪，全以通番致素封。頻年閩南士大夫亦有兩種議論，福興二府主絕。漳泉二府主通，各不相下，則何如官爲之市，情法可並行也。況官名市舶，明以示華夷舟楫，俱得住泊，何得寬于廣東而嚴于閩乎?……」(註一三一)

反對一派，則全以防倭爲其論據。亟言閩廣與浙江情形之不同，以爲閩廣所通之番

註一三一：野獲編，卷一二，戶部。

，多無寇盜，故可通，若浙江沿海，倭寇聚藪，開禁必招禍殃。主事黃元恭，（註一三二）巡撫劉畿，（註一三三）均主此說，而以兵部尚書張時徹言之綦詳，茲錄之如下：

「或謂定海沿邊，舊通番舶，宜准閩廣事例，開市抽稅，則邊儲可足，而外患可弭。殊不知彼狡者倭，非南海諸番全身保貨之比，防嚴禁密，猶懼不測，而況可啟之乎？況其挾貲求利者，即非脯肝飲血之徒，而捐性命犯鋒鏑者，必其素無賴藉者也，豈以我之市不市為彼之寇不寇哉？殷鑒不遠，元事足徵。當商舶未至而絕之為易，貿易既通，而一或不得其所，將窮兇以逞，則將何以禦之耶？今之寇邊者動以千萬計，果能一一而與之市乎？內地之商，聞風膽落，果能驅之而使市乎？既以市招之，而卒不與市，將何詞以罷遣之乎？夷以百市，兵以千備，夷以千市，兵以萬備，猶恐不足以折其姦謀，我之財力，果足以辦此乎？且市非計日限月之可期也，彼以求市無已，則我之備禦亦無已，果能屯兵而不散已乎？此皆

註一三二：籌海圖編，卷一二。

註一三三：參看上文，頁三七。

利害之較然者，乃謂可以足邊儲而弭外患，不已大繆乎？」（註一三四）

統觀以上議論，則當時反對復市舶者，只爲倭患耳。然罷市舶未能止寇患，觀結其果可知。故嘉靖三十九年（一五六〇），唐順之奏上，緫復三市舶司，然閩浙二省，番舶受阻者垂四十年矣。此後就倭患之烈，尙更復罷撤。所幸西南諸番得于廣東往來；中外貿易，除嘉靖初年外，得於斯綿纖不絕。寖假廣東情形亦與閩浙不同。閩浙市舶管于市舶司，市舶司罷卽市舶禁，市舶司復卽市舶通。但廣東方面，自嘉靖八年（一五二九）開舶禁，市舶事務漸操於省吏之手，（註一三五）馴至市舶司一職，幾同虛設矣。

五　海禁

（一）海禁之由來

番人來華之貿易，大抵如上述。至于華人下番之貿易，明代大都採禁約政策。洪武

註一三四：張時徹等修：寧波府志，卷二二。

註一三五：嚴從簡：殊域周咨錄，卷九，頁一一。

四年（一三七一）詔靖海侯吳禎籍方國珍所部溫台慶元三府軍士，幷禁濱海民不得私出海，時方國珍餘黨多入海剽掠也。（註一三六）十七年（一三八四）以日本暗通胡惟庸，謀爲不軌，著祖訓絕之，命信國公湯和經略沿海，設防備倭，尤嚴下海之禁，民不得下海捕魚，（註一三七）支鹽者亦一度不得乘船出海。（註一三八）

永樂二年（一四〇四），以閩浙海民私置海船交通外國入寇，禁民間海船；原有海船者，悉改爲平頭船，令所在有司防其出入。（註一三九）宣德六年（一四三一），寧波知府鄭珞請弛出海捕魚之禁以利民，帝不許，遣勅諭之曰：

「爾知利民而不知爲民患。往者倭寇頻肆刼掠，皆由姦民捕魚者導引，海濱之民屢遭刼掠。皇祖深思遠慮，故下令禁止。朕之心，豈不念利民，誠不知利少而

註一三六：太祖實錄，卷七〇；明史紀事本末，卷五五。

註一三七：太祖實錄，卷一五九；天下郡國利病書，卷九〇，浙江八。

註一三八：太祖實錄，卷二一九。

註一三九：太宗實錄，卷二七。

害多也。……」（註一四〇）

八年（一四三三），以官員軍民有私造海舟，假朝廷斡辦爲名，擅自下番，「擾害外夷，或誘引爲寇」，命嚴通番國之禁。（註一四一）十年（一四三五），有奏豪頑之徒，私造船下海捕魚者，「恐引倭寇登岸」，諭沿海衛所，嚴爲禁約。（註一四二）景泰三年（一四五二），有言黃蕭養之亂，多由海寇嘯聚，命刑部出榜禁約福建沿海居民，毋得收販中國貨物，置造軍器，駕海交通琉球。（註一四三）

由是觀之，明代嚴禁下海通番，全由于防止海寇爲患。方國珍餘黨與黃蕭養之寇聚，嘗一度爲禁約之由，而頻年倭患，實爲明代海禁不弛之主要原因。攷大明律戶律有舶商匿貨之條，規定「凡泛海客商舶船到岸，即將物貨盡實報官抽分，若停揚沿港土商牙

註一四〇：宣宗實錄，卷八三。

註一四一：宣宗實錄，卷一〇三。

註一四二：英宗實錄，卷七。

註一四三：英宗實錄，卷二一七。

儈之家不報者杖一百……物貨並入官」；（註一四四）可知初時固嘗許人泛海爲商。然卒以倭患頻仍，致嚴厲禁約，不只泛海商船，即捕魚舟舡，及支鹽運船，亦一律在禁止之列，倭患影響之大，有如是者。

（二）海禁狀況

對私下海通番者，不只時揭榜申禁而已，更嚴定律例以示懲戒。大明律：凡將馬牛，軍需，鐵貨，銅錢，段疋，紬絹絲綿私出外境貨賣及下海者杖一百，挑擔馱服之人減一等，貨物船車入官，以十分爲率，三分付告人充賞。若將人口軍器出境及下海者絞。因而走洩事情者斬。官司及守把之人，通同夾帶，或知而故縱者，與犯人同罪，失覺察者減三等，罪止杖一百，軍兵又減一等。（註一四五）

又考問刑條例，凡擅造二桅以上大船，將帶違禁貨物下海，往番國買賣，潛通海賊，同謀聚結及爲嚮道劫掠良民者，處以極刑。若只將大船僱與下海之人，分取番貨，及

註一四四：大明會典，卷一三五。

註一四五：大明會典，卷三八。

糾通下海之人接買番貨，發邊衛充軍。（註一四六）

嚴禁結果，良民多受其害，沿海居民，不獨不能販海通番，且不能採捕于內海，販糴于隣省。（註一四七）于是生計日迫，尤以閩省爲最。蓋「福建漳泉等處，多山少田，平日仰給，全賴廣潮之米，海禁嚴急，惠潮商船不通，米價卽貴」，（註一四八）福民于是有無食之虞矣。

反之，利之所在，奸民冒死以犯禁。故雖三令五申，而私下海者不止。其較著者如正統九年（一四四四）廣東潮州府民濱海者，糾合傍郡亡賴五十五人，私下海通貨爪哇國。（註一四九）又如成化七年（一四七一）福建龍溪民兵弘敏與其黨泛海通番，至滿剌加及各國貿易，又至暹羅國詐稱朝使，謁見番王，幷令其妻馮氏謁見番王夫人，受珍寶等物

註一四六：籌海重編，卷一〇；世宗實錄（北大本），卷五，頁一三一。

註一四七：籌海圖編，卷四。

註一四八：懷蔭佈等修：泉州府志，卷二五，海防。

註一四九：英宗實錄，卷一一三。

而歸，抵拒軍兵。（註一五〇）成化二十年（一四八四）更有通番巨舟三十七艘，泊廣東潮州府界。（註一五一）可見當時雖法令森嚴，而民之冒險走私者如故。

不獨此也，濱海居民，廹于生計，轉而爲寇者日多。彼輩嘯聚海島，勾結倭夷，私造巨舟，承攬貨物，或五十艘或百餘艘，成羣合黨，分泊各港，於沿海之地，兼行擾害。日本暹羅諸國，無所不到。（註一五二）閩人李光頭，歙人許棟首據寧波之雙嶼，藉漳泉勢家之護持，假濟渡爲名，造雙桅大船運載違禁貨物，將吏莫敢誰何。（註一五三）汪直亦據五島，造巨艦往來日本及「西洋」諸國互市，且大爲番人信服，稱爲五峯船主。（註一五四）既而徐海，陳東，麻葉等相繼起，沿海郡縣，一時騷然。（註一五五）

註一五〇：憲宗實錄，卷九七。

註一五一：憲宗實錄，卷二五九。

註一五二：郝玉麟等修：廣東通志，卷九，海防。

註一五三：明史，卷二〇五，朱紈傳。

註一五四：胡宗憲等（嘉靖四十年）修：浙江通志，卷六〇。

註一五五：明史，卷二〇五，胡宗憲傳。

（三）弛海禁

海禁雖嚴，倭患不獨不止，反以利權在下；奸豪嘯聚勾引，爲禍更烈；閩浙沿海，亦民不聊生。故嘉靖之季，言弛禁者漸多。三十五年（一五五六），浙江巡按胡宗憲，卽倡議對于採捕之船，不加禁阻，惟定以平底單桅，別以計號，照例問擬，不許通番。且令漁船自備器械，排甲互保，無事爲漁，有警則調取用。蓋如說者所云：

「海民生計，半年生計在田，半年生計在海，故稻不收者謂之田荒，魚不收者謂之海荒。其淡水門海洋乃產魚之淵藪也。每年小滿前後，正風汎之時，兩浙漁船，出海捕魚者，動以千計。其於風勢，則便捷也，器械則鋒利也，格鬥則敢勇也。驅而用之，亦足以捍敵；緝而稅之，尤足以餽軍餉。乃疑其勾引而厲禁之，遂使民不聊生，潛逸而從盜矣。故緝名以稽其出入，領旗以辨其眞僞，納稅以徵其課程，結艘以運其犄角，而又抽取官兵，以爲之聲援，不惟聽其自便爲生，且資其捍禦矣。豈徒取給於沿海之稅，以助軍興之萬一耶？」（註一五六）

註一五六：天下郡國利病書，卷八五，浙江三；參看籌海圖編，卷四。

都司戴𤟍霄鑑于福民之廹于生計，轉爲寇盜，愈遏愈熾，防不勝防，亦主「因勢而利導之，督撫海道衙門，令漳泉有船隻者，官爲編號，富者與之保結，許其出洋裝載貨物，納稅自賣。其回也南則許販惠潮之米，北則許販福寧溫台之米，但不許至外國及載番貨」。（註一五七）

隆慶初年，巡撫福建涂澤民進一步題請開海禁，准販東西二洋，但仍主禁販日本。（註一五八）萬曆之初，巡撫龐尙鵬更題請弛日本之禁，其書曰：

「……私販日本一節，百法難防，不如因其勢而利導之，弛其禁而重其稅，又嚴其勾引之罪，譏其違禁之物，如此則賦歸于國，亦何所利而爲之哉？」（註一五九）

經此十數年間之醞釀，能禁之機，漸臻成熟，各家議論，亦有一共通之點：卽均主弛禁之後，由官府督察管理是已。蓋一方可使利權在上，奸豪無所覬覦，他方嚴爲稽核

註一五七：懷蔭佈等修：泉州府志，卷二五，海防。

註一五八：天下郡國利病書，卷九三，福建三。

註一五九：籌海重編，卷四。

，報官編號，爲寇之途可滅。而足民生，裕國用，尙其次焉。

以故萬曆二年（一五七四），巡撫劉堯誨題請船稅充餉，卽開東西洋之禁，惟仍嚴禁通販日本，委海防同知專責督理，刋海稅禁約一十七章。其禁販日本之法，以爲過洋之船，以東北風去，西南風回，雖回緩亦不過夏。惟自倭回者，必候九十月間風汎，且日本無貨，只有金銀，凡至九十月方回又無貨物者，明係輾轉交倭，縱有給引，仍坐以通倭罪。又規定凡販東西二洋，鷄籠，淡水諸番及廣東高雷州北港等處，商漁船引，俱海防同知爲管給。每引稅銀多寡有定額，名曰引稅。每請引百張爲率，隨告隨發，盡卽請繼，原未定其地，而亦未限其船。十七年（一五八九）巡撫周寀議，將東西二洋番舶題實隻數，歲限船八十八隻，給引如之。後以引數有限，而販者多，增至二百一十引。其徵稅之規，有水餉，有陸餉，有加增餉。水餉者，以船之廣狹爲準，其餉出於船商。陸餉者，以貨之多寡，計値徵收，其餉出於舖商。加增餉者，以東洋中之呂宋，其地無出產，番人率用銀錢易貨，船多空回，卽有貨亦無幾，故商販回澳，征收水陸二餉之外，屬呂宋船者，每船另追銀百五十兩，（萬曆十八年減爲一百二十兩），謂之加增。

（註一六〇）

劉堯誨題請船稅充餉，原以六千兩爲額。萬曆四年（一五七六）歲收爲一萬兩，溢出原額四千兩。十一年（一五八三）收二萬兩有奇，二十二年（一五九四）收二萬九千餘兩。（註一六一）從以上遞加之數目，可知當時下番貿易之盛矣。

六　結論

（一）明代對外貿易政策與宋元比較

明代對外貿易政策，與宋元有一顯著不同之點：宋元以收入爲政策，而明之貿易，則在乎懷柔遠人。以收入爲目的，必重抽分使稅收增加，（註一六二）禁私易使利孔不洩，

註一六〇：其詳見天下郡國利病書，卷九三，洋稅。

註一六一：此項餉收，自萬曆二年至二十七年，均供漳泉各州兵餉用。二十七年，始解內府。仝上。

註一六二：參看宋史，卷一八六，互市舶法。

（註一六三）而尤必廣招來使貿易興盛。故宋雍熙中遣內侍八人齎勅書金帛分四路招致西南諸番者，計即在此。而廣置市舶，准華商下番，許番人來往諸郡，亦莫非繁貿易廣收入政策之表現耳。天聖以來，香藥寶貨，充牣府庫；皇佑中總歲入象犀珠玉香藥之類，數達五十三萬有餘；至治平中又增十萬，（註一六四）蓋有由也。

宋代如此，元代亦莫不如此。除獎勵海外互市，嚴密抽分之外，更官辦商舶以為利。其法官自具船，給本，選買人至海外貿易諸貨，其所獲之息，以十分為率，官取其七，買得其三，於是勢家不得用己錢入番為買，以行壟斷；而諸番互市之利，收集於中央政府矣。（註一六五）

明代則不然：海外貿易，所以懷柔遠人，不在乎利。故無招來獎勵，亦無嚴密稅制

註一六三：「太平興國初，私與番國人貿易者計直滿百錢以上論罪，十五貫以上黥面流海島，過此送闕下。淳化五年申其禁，至四貫以上徒一年，稍加至二十貫以上，黥面配本州為役兵」。仝上。

註一六四：仝上。

註一六五：新元史，卷七二，市舶課。

。市舶司時設時罷，抽分亦時見豁免。下海既禁，華商不得至番邦貿易。此無他，漢視海外貿易收入使然也。既不以爲利，自無須乎孜孜營謀矣。自今日視之，此固爲狹隘短見政策，然當時中國經濟自足，不易知國際貿易之利，何況頻年倭患，沿海騷然，使明室疲于應付，對海外關係，不得不垂守消極也。

（二）倭患對明代海外關係之影響

明代海外關係，自始至終，均受倭患之威脅。蓋自明興，方國珍，張士誠輩，相繼誅服，諸豪亡命，往往糾倭入寇。此後北自遼東，南至欽廉，沿海一帶，時受刦掠。明朝對此，已疲于應付，自無餘力作遠略鴻圖。故除永樂朝外，歷代君主，垂拱守成，倭患影響不少。且倭夷慓悍爲禍，易使人對其他番國，亦一概而視，對其來往交通，時加防範焉。

市舶司之撤罷，由于倭患。嘉靖二年宗設宋素卿之亂，卽其明例。吾人對此政策，未能贊同，良以防倭固另有途徑，罷市舶之非對症良藥，觀其結果可知。然世宗不久亦知此之非計，故嘉靖八年林富奏上，廣東卽開番舶之禁，使西南諸番，恢復貿易，亦不能謂非知機善變也。

嚴禁下海，致本國人不能下番貿易，亦由於倭患所致。計自洪武以至萬曆初，二百年來，華人被阻不能下洋，沿海居民，受損不尠。此種政策之收效與否，得當與否，固有可議之處，然以當時之君主，不知有移民，不知有國際交通，而倭警頻仍，爲患不絕，亦難怪其出于此途。假無倭患，明代海外關係，其爲另一故事，可斷言也。

民國二十五年二月

歐化東漸史

歐化東漸史

張星烺 著

民國二十年上海商務印書館鉛印本

歐化東漸史

張星烺著

新時代史地叢書

目錄

第一章　歐化東傳之媒介……一
第一節　歐化界說……一
第二節　歐洲商賈遊客及軍政界人之東來……二
第三節　基督教傳道師之東來……一八
第四節　中國人留學及遊歷外國……四四
第二章　有形歐化卽歐洲物質文明之輸入……五五
第一節　軍器事業……五五
第二節　學術事業……五九
第三節　財政事業……七四
第四節　交通事業……八九

第五節　教育事業……九八
第三章　無形歐化即歐洲思想文明之輸入……一〇五
第一節　宗教思想……一〇五
第二節　倫理思想……一〇八
第三節　政治思想……一〇九
第四節　學術上各種思想……一一一
第五節　藝術思想……一一四

歐化東漸史

第一章　歐化東傳之媒介

第一節　歐化界說

中國與歐洲文化，有形上及無形上，皆完全不同，上自政治組織，下至社會風俗，飲食起居，各自其數千年之歷史展轉推演，而成今日之狀態。東西文化孰爲高下，誠不易言。但自中歐交通以來，歐洲文化逐漸敷布東土，猶之長江黃河之水，朝宗於海，自西東流，晝夜不息，使東方固有文化，日趨式微，而代以歐洲文化。文化則是西方文化，高於東方文化也。尤以有形之物質文明，中國與歐洲相去何啻千里。不效法他人，必致亡國滅種。至若無形之思想文明，則以東西民族性不同，各國歷史互異之故，行之西洋則有效，而行之中國則大亂。各種思想與主義，無非爲解決民生問題，而勉強效顰他人，使國中發生數十年或數百年長期亂事，自相屠殺，血流漂杵，人煙斷絕，以至國破種滅。吾人何貴乎效法此種主義耶？依此種情形觀之，歐洲之無形文明各種思想各種主義，持之有故，言之成理者，是否優於中國固有，與夫是否有效法之必要，不能不使人懷疑矣。但東西交通既起，有形貿易與無形貿易滔滔不可復止。是在國中之政治家善自掌舵而已。茲不論其高下，與夫結果之善惡，但凡歐洲人所創造，直接或間接傳來，使中國人學之，除舊布新，在將來歷史上留有紀念痕蹟者，皆謂之歐化。爲便利研究起見，分歐化爲有形部，或物質文明部。如天文、曆法、醫藥、測繪、機器、輪船、鐵路、電報等等是也。無形部或思想文明部，如宗教、哲學、倫理、政治、文學等等是也。欲序述各種歐化史，不得不先序傳入歐化之各種媒介物。媒介物大概可分爲三種。（一）由歐洲商賈、遊客、專使及軍隊之東來。（二）由宗教家之東來。（三）由中國留學生之傳來。吾故於序述歐化史之先，作導言，略述此三種之經過。

第二節　歐洲商賈遊客及軍政界人之東來

歐洲人與中國有交通，西漢以來已然矣。元代歐洲人來中國者，頗不乏人。然皆與今代之歐化無關，蓋彼時歐洲人文化未必高於中國。東來者人數究亦不足誘起歐化。更無高深學者，足以引起中國人之敬仰心願就其門執贄者。元時歐洲人文化不獨未東傳而東方各種大發明，如印刷術、火藥、羅盤針、紙等反由東向西傳播也。元亡明興，中歐交通中斷者約一百五十年。東方貨物尚可運入歐洲。大概經由四道：第一道經中央亞細亞、薩馬兒罕、布哈拉、裏海北岸再至黑海北岸渡海至君士旦丁堡。第二道經印度大陸及印度洋、波斯灣、美梭博塔米亞、梯格里斯河，北至脫萊必松德（Trebizond），抵黑海再西至君士旦丁堡。第三道經油付萊梯斯河至阿雷坡（Aleppo），再至安都城（Antioch）渡地中海達歐洲。第四道入紅海，抵埃及達地中海濱。一千四百五十三年（明景泰三年）土耳其人攻陷君士旦丁堡。對於西歐各國，毫無親鄰之意。諸道皆為土耳其人阻隔。歐洲人所嗜之調和物品、胡椒、丁香、諸物，俱不得入歐。故歐洲各國商人不得不另覓新道，以通東方。葡王顯理（Henry）獎勵遠航非洲西岸，希望於該洲南角得一通印度洋之道。唯非洲甚長，遠過於葡人所計算者。數次蹈查，皆失敗而回。一千四百八十六年（明憲宗成化二十二年）葡人狄亞斯（Bartholomew Diaz）初至好望角，沿海岸向北航若干程後，始歸航報告國人，非洲南端已窮盡有新道可達東方。狄亞士發現好望角後十二年，而葡人竟得達其目的。一千四百九十七年（明孝宗弘治十年）七月，瓦斯柯達格瑪（Vasco da Gama）率小船三艘，自葡京立斯本起航，繞過好望角後，向東北航行，遠超以前狄亞士所至之地，直至桑西巴北二百邁耳。由是處作橫渡印度洋之壯舉，一千四百九十八年（弘治十一年）夏，抵印度西海岸古里港（Calicut）。在此將帶來之歐洲貨物，悉換作香料，滿載而歸。一千四百九十九年（弘治十二年）夏，三船安回立斯本原地。來回共需時二十六月。以前所久欲尋覓之歐亞新交通線，竟得成功矣。葡萄牙人急速利用此新發明貿易東方。一千五百年（弘治十三年）三月，達格瑪歸回僅六月，派喀伯拉爾（Pedro alvares cabral）率船十三艘，滿載貨物，再往古里。至翌年七月，歸立斯本。一千五百零二年（弘治十五年）二月，達格瑪率船二十艘再往。自是香料及其他東方各種貨物，大宗流入歐洲。葡京立斯本不久即成爲歐洲最重要商埠之一。葡人利用其精良火器，摧敗印度洋上阿拉伯人之商業與勢力，獨霸東方海上。一千五百十年（正德五年）攻陷印度西岸之臥亞府（Goa），作爲根據地。次年又攻陷馬雷半島之麻六甲（Malacca）。（明史作滿剌加）遣使至印度支那各邦政府，以通友好。白古（Pegu）暹羅、交趾支那，及東京，皆有葡國使節之足跡。葡人待蔴六甲之中國商人甚為優渥。此等商人回國以後，對於葡人有極佳之報告。一千五百十四年，（明武宗正德九年）葡國商人初至中國海岸貿易，大獲利而歸。次年（正德十年）蔴六甲葡國總督佐治達爾伯克喀（Jorge I' Alboquerque）遣斐來斯特羅（Rafael Perestrello）往中國。乘馬雷人海船，至一千五百十六年八月十二日無回音，乃復遣安特拉德（Germao Perez d'Andade）再往，亦無功而返。抵蔴六甲時，得遇裴來斯特羅。裴已至中國，獲大利而先歸矣。總督決意再遣安特拉德往中國。船上滿載胡椒，於一千五百十七年六月十七日起碇。同行者有皮來資（Thomas Pirez）以葡萄牙大使名義往聘中國。皮來資素充藥劑師，然為人敏捷，善於應對，使當外交官，頗為相宜。八月十五日，抵大門港（Tamang）（在後川島，後川距上川不遠）。距中國陸地，尚有三海里。外國商船至廣東者，皆須寄泊於此。葡人欲往廣東省城，中國官吏不許。葡人強駛入內河，放礮舉敬禮。抵廣東後，國使皮來資與隨員登陸，中國人接待頗優，擇安寓以舍之。葡人所載貨物，皆轉運上陸，妥為貯藏。皮來資留廣州數年，以待明廷回文。直至一千五百二十年（正德十四年底）一月，始得明武宗允許召見。皮來資由廣州起程北上。先乘船至梅嶺山，棄船陸行往南京。行四閱月始至。武宗已先回北京。命使者隨至北京。一千五百二十一年一月，皮抵北京。葡人留廣州者多不法行爲，與中國人大起衝突，地方官吏奏參。武宗拒見皮，送之回廣州。一千五百二十三年（嘉靖二年）死於獄中。此爲葡國第一次遣使中國之經過也。葡人既不得志於廣州，乃北至浙江甯波（Liampo），賂地方官以重金，得留其地貿易。嘉靖十二年最盛時，每年達三百餘萬金幣，投資者無不獲三四倍之利。人口最多時，葡人達一千二百名，東方他國商人達一千八百名。葡人既富以後，驕奢淫佚，多不法行爲，與土人多齟齬。葡人法利亞（Faria）者嘗至南京盜明孝陵寶物，歸匿寧波居留地。明帝大怒，乃下令討伐，陸軍由浙江進，海軍由福建進。兩面夾攻，焚毀寧波居留地及港中奇椗船艦三十五艘，盡殺外國商人及基督教徒凡一萬二千人。其中有葡人八百名。時嘉靖二十一年，即西曆一千五百四十二年也（亦有謂在嘉靖二十七年者）。甯波商市被燬後三年，葡人復以重金賂福建泉州地方官，得在其地貿易。葡商人行爲，無異在甯波者。嘉靖二十八年，泉州地方官及人民亦羣起驅殺葡人，全體五百名中免死者僅三十人而已。

浙江福建皆無立足餘地，葡國商人復回至廣東上川島（西人名之曰聖約翰島。）起塔蓬帳，爲臨時商場。去則撤去。時海盜猖獗閩廣海岸。中國政府爲易於巡查之故，乃允許葡人在上川附近之浪白滘（亦作澳）居住。幷可入廣州貿易。不久浪白滘卽異常興旺。葡國居留民達五百名之多。大抵皆自南洋販運胡椒與中國人交易絲綢麝香。香山縣南端有阿媽澳者，爲海盜所據。葡人勇敢，火器又精。嘉靖三十六年（一五五七年）逐去海盜而佔領之。復以金賂地方官，得其允許，在該港建房舍，爲曬乾及儲藏貨物之用。葡人多拐人作奴。萬曆元年（西一五七三年）中國官乃築牆於澳門半島北面土腰，僅留一門以通出入。設官守之，而拐風不熄。萬曆十年（一五八二年），兩廣總督召所有澳門葡國官吏，總督判官等至肇慶會商防阻辦法。中國官憲以驅逐出境相恐嚇。葡人出重賂乃得免。葡人在澳門地位之得保持，悉使用賄賂之功也。葡人常謂中國皇帝允許澳門爲葡人久居之地，不歸中國政權統治，而中國政府固未嘗承認，亦從無一人曾見中國皇帝之允許諭旨也。自最初葡人每年交香山縣政府租金一千兩，尤爲承認中國主權之明白證據。一千六百九十一年（康熙三十年）至一千七百五十四年（乾隆十九年）每年租金爲六百兩。以後減爲五百兩。一千八百四十三年（道光二十三年）葡人請求兩廣總督耆英，免去每年租金。耆英嚴拒，唯給與若干特別利權而已。一千八百四十九年（道光二十九年），葡國澳門總督阿瑪拉爾（Amaral）斷然停止付給租金。中國亦無如之何。嘉慶間拿破崙橫行歐洲時，英國人曾兩次暫佔澳門。中國官皆抗議其侵略中國土地。一千八百八十七年（光緒十三年）中國承認其永久佔領權。澳門雖自初即爲葡國所承租，但爲西洋各國來廣東貿易者之根據地。所有遠來商船，皆先至澳門請領港人及糧食備辦人。由中國放洋回國者，亦皆先至澳門買船。每年在廣州營商者，事畢皆回住澳門，次年復回廣州。一千八百四十二年（道光二十二年）英中鴉片戰爭後，香港崛興，五港通商，情形始改。澳門不獨爲鴉片之戰以前西國商人匯萃之地，而各國傳教師亦皆聚集於此。故爲前期歐化輸入之唯一門戶也。

葡萄牙人於明武宗時，重起中西交通以後，獨佔中歐間貿易者，約達六十年之久，無他國與之競爭。明穆宗隆慶五年（西一五七一年）西班牙人越大西洋，經墨西哥，橫渡太平洋，征服斐律賓羣島。再閱三年，至明神宗萬曆二年（西一五七四年），冬，中國海盜林鳳（Limahong）率戰艦六十二艘，男丁三千人攻瑪尼拉市，為西人所敗，北退林加煙灣。三年春，中國軍官王望高奉福建巡撫及漳州知府之命，率戰艦二艘追林鳳至林加煙灣，得悉林已為西班牙人圍困於彭加錫南(Pangasinan)，將成擒矣。故決意歸國報告巡撫。西班牙總督拉維柴立斯(Lavez aris)遣奧斯丁會(Augustine)僧人臘達(Martin de Rada)馬林(Geronimo Marin)二名，及侍從數人，攜公牒隨同中國軍官至福建，表示友誼，禮聘福建巡撫，請求通商。巡撫優遇西使，將其請求轉奏皇帝。萬曆四年(西一五七六年)二月，中國使者至瑪尼拉，宣告帝旨，允許西班牙人在廈門通商。

葡人自西來，以澳門為根據地。西人自東來，以瑪尼拉市為根據地。兩國勢力會於中國門戶前南海中。一千五百八十一年(萬曆九年)西葡二國合併。一千五百八十六年(萬曆十四年)斐島總督，總主教等上書西班牙王斐律勃二世(Philip II)，謂據探報，中國人皆懦怯無勇，兵隊皆以乞丐組成，請以一萬或一萬二千西兵征服中國，即不能得全國，至少亦可佔領濱海數省。征服以後，照斐律賓辦理，先握其政權，再從事傳布基督教。西王不納。一千五百八十八年(萬曆十六年）西班牙水師大舉伐英，全師覆沒，國力衰耗，無暇東顧，征服中國之雄圖，不得不放棄矣。但在東方之勢力，暫時尚得保存。斐律賓羣島諸國，以前時常自相攻伐，華人畏往。西人入境，掃滅各邦，恢復秩序，商業大興，華人趨之若鶩。十七世紀初半（明萬曆三十年後）西班牙國因投入三十年戰爭漩渦，國中兵力財富俱皆損耗，國勢日漸衰微，葡萄牙國合併於西班牙達六十年之久，禍福與共，在亞洲之屬地，皆爲英荷二國所奪。在東方者，僅餘澳門一港爲其所有。

荷蘭人初僅至葡京立斯本（Lisbon）間接販運印度胡椒等物。一千五百九十四年（萬曆二十二年）西班牙王斐律勃二世禁止立斯本與荷人貿易。荷人不得已，乃改計自往東方。一千六百零二年（萬曆三十年）組織荷蘭東印度公司（Netherlands East India Company），資本六千六百萬盾（guilders）。翌年遣商艦數艘至南洋羣島，販運貨物，獲大利而歸。一千六百零四年（萬曆三十二年）及一千六百零七年（萬曆三十五年），荷蘭人兩次至廣東，欲與中國通商，皆爲澳門之葡人陰謀所阻。一千六百二十二年（天啓二年），荷蘭水師提督萊佑蓀（Kornelis Rayerszoon）率領戰艦十五艘，戰士二千人（其中荷蘭人九百名，馬雷人及日本人一千一百名。）襲澳門，大敗而退，死傷甚衆。不得志於廣東澳門兩地，乃東據彭湖島與西面中國大陸駛來之商船，交易貨物焉。一千六百二十四年（天啓四年），更東進而佔領台灣島。在島西面安平港築細蘭的亞礮台（Zelandia Castel），作根據地。台灣近中國，日本較之瑪尼拉港西班牙人更爲捷近矣。荷蘭人治理台灣至一千六百六十二年（康熙元年），爲鄭成功所逐。成功以興復明室爲號召，而實則與獨立國無異。成功死，子經嗣位。經死，子克塽嗣立。至一千六百八十一年（康熙二十年），清兵攻下廈門。荷蘭人以有宿怨之故，亦遣艦相助焉。清室入關以後，荷蘭數次遣使請求通商。一千六百五十五年（順治十二年）爲郭佑（Peter de Goyer）及開塞耳（Jacob de Keyser）二人。一千六百六十四年（康熙三年）使者爲霍恩（Pieter van Hoorn）。一千七百九十五年（乾隆六十年）爲鐵清（Isaac Titsingh）及范百蘭（A. E. van Braam）二人。每次使者皆卑身屈己，儕於藩臣貢使之列，行三跪九叩之禮，希冀可邀中國皇帝特許准其在國內通商。然所得結果，則大失所望。清帝僅許其八年一貢，使船每次四艘而已。

英國人初時依賴荷蘭而得各種香料。以後荷人高抬貨價，每磅胡椒由三先令抬至六先令以至八先令。倫敦商人，不得已乃於一千五百九十九年（萬曆二十七年）自組公司，直接往遠東販運香料。一千六百年，倫敦東印度公司（London East India Company）自女王額里沙白（Elizabeth）領得特許證。翌年遣商船五艘往印度。此時英人通商活動精神遠後於荷人。公司資本不厚。第一次派出商船時，即將所有資本用盡。一千六百零四年（萬曆三十二年）第一次遣出之商船，平安歸回倫敦後，始又派出三船。荷蘭及英國兩東印度公司之至東印度，目的全爲通商。所有商船皆由私人資本派出。非若葡萄牙與西班牙二國欲開闢殖民地，或欲傳布基督教及歐洲文明於遠東土人也。然兩國公司，終亦不能使商業與領土擴張二事完全分離也。英荷爲後起之國，與葡西二國商業競爭甚烈。斐律賓羣島在南洋羣島之極北，面積甚小，易於防守。雖數遭荷人之攻，而西人終能守之。葡萄牙之東方帝國西起紅海口，東至摩鹿加羣島，橫亘東方全世界。兩端相去六千餘英里。地土分散，防守不易。且皆據咽喉之地，爲亞洲各國各民族通商必經之地，尤足引起英荷二國之嫉視，非奪取不可也。故葡萄牙之東方帝國全邊線皆被侵襲。荷蘭人攻其東，英人攻其西。一千六百四十一年（明崇禎十四年），麻六甲（Malacca）大海港，爲荷人所得，一千六百十八年（萬曆四十六年），紅海口內莫夏港（Mocha）爲英人攻陷。一千六百二十二年（天啓二年）波斯灣口之忽魯謨斯港（Hormuz）爲波斯及英國聯軍所陷。此二港之陷落，尤爲致命傷。紅海及波斯灣之商業，由是不復爲葡人所有。英荷二國人又煽動東方各地土人，助以火器抗拒葡人。葡人自是遂無能爲矣。英國人初僅注意於印度之商務，以後亦注其目光於遠東。一千六百三十六年（崇禎九年）東印度公司改組後，英王查理一世遣威德爾（Weddell）蒙忒內（Mountney），羅濱孫（Robinson），蒙德（Peter Mundy）四人往中國經營商業。一千六百三十七年，威德爾率三艦一艇抵澳門港，求貿易。葡官不許。英船乃駛至廣州附近，欲上岸，中國官不許。攻破岸上礮台。經各種困難及葡人之斡旋，始得滿載中國糖、綢緞、磁器等物而回英國。此次航行與當初所希望者相去甚遠。然威德爾謂以後在中國通商，定可獲利。後十餘年，英人始再遣艦至廣州，亦未獲重利。至淸初，英人以不得志於廣東，乃至福建交歡鄭成功。給以軍器，得其允許，在台灣及廈門兩地設立貨棧。鄭氏既亡，淸室同等待遇荷蘭及英國，皆許在廈門通商。但淸兵不知保護外商，百端敲詐。英人不堪其擾，乃復至廣州求市。斯時廣州地方吏治，比較尙爲淸廉，不致如廈門之暴橫。經多時苦心，卒以一千六百九十九年（康熙三十八年）在廣州設立貨棧，自是以後，未嘗斷絕。一千六百九十八年（康熙三十七年）法國人闊爾伯特 (Colbert) 組織中國貿易公司 (Compagnie de Chine) 參加中國貿易。不久瑞典、丹麥，亦聞風而起。十八世紀末，美國宣布獨立後，亦橫渡太平洋來中國貿易。中國沿海通商之地，尙有數港，然以廣州爲最大。至一千七百五十七年（乾隆二十二年），淸帝下令止許廣州通商，其他各港，悉皆封閉。來廣州貿易之國甚多，然以英人爲首。一千七百三十六年（乾隆元年）來廣州貿易番船共十二艘。其中英國五艘，法國三艘，荷蘭二艘，丹麥及瑞典各一艘。一千七百五十三年（乾隆十八年）來廣州者共二十七艘。其中英國十艘，荷蘭六艘，法國五艘，瑞典三艘，丹麥二艘，普魯士一艘。廣州官吏，亦多敲侮外商，征收貨稅，漫無章程。一千七百九十二年（乾隆五十七年）英國政府決意遣使中國，與政府協商改良方法，並請在天津、甯波、舟山等地通商。使者馬戛爾特尼 (Lord Macartney) 於一千七百九十二年九月二十六日，離樸資茅斯 (Portsmouth)。攜帶禮物六百箱。次年八月五日，抵天津大沽口。淸廷極爲優待，特派專使歡迎，備專船載使者至京。船旗『書英國貢使』。使者亦不抗議，蓋恐抗議而交涉中斷也。抵北京後，爭持朝見禮節多時，卒以見英國皇帝之禮見淸帝焉。所請求者俱不准。一千八百十六年（嘉慶二十一年）英國復遣勳爵阿美斯德（Lord Amherst）來中國，謀改良商況。此年二月八日離樸資茅斯。同年八月二十八抵北京。復以爭持朝見禮節，未見淸帝，卽南回廣東。自是而英人對中國情感益惡。以後政策除宣戰強迫使中國人改良通商情形外，或完全服從中國之苛政，或放棄與中國人通商。三者之中，必擇一途，而後兩國始能平等磋商。積之多年，至道光二十年而鴉片之戰起。中國大敗，訂南京條約。賠款二千一百萬圓，割讓香港，開放廣州、福州、廈門、甯波、上海五口爲通商口岸，准英國派領事住居，幷准英商帶家屬自由來往。以後兩國往來文書，用平等款式。南京條約公布之後，歐美各國莫不歡迎。如比利時、荷蘭、普魯士、西班牙、葡萄牙、美利堅、法蘭西諸國相率派領事或公使來廣東與我國訂修好通商條約。自是以後，有形之歐化，及無形之歐化，日漸輸入中土。每次戰敗，外患益烈，而歐化之輸入，亦隨之而益盛焉。初則中國人妄自尊大，蔑視外國，以蠻夷待遇歐美各國，繼則平等相視。拳匪亂後，物質與精神，中國人皆承認不如西洋人，而自動歐化。事事模倣歐美。饑不擇食，不顧自己能否融化，釀成今日消化不良之大氣局勢。

由上方歷史觀之，十六世紀時，來中國者，僅葡萄牙、西班牙二國。至十七世紀荷蘭、英國接踵而至。加以葡、西二國，歐洲之國通商中國者，共凡四國焉。十七世紀時，英國人專力於印度，遠東之商業，尚未盛旺。荷蘭人以南洋羣島爲根據，在東方之商務駕於葡、西二國之上。至十八世紀時，英國人不但獨佔印度，卽在中國南海上商業亦推第一焉。綜數世紀之歷史觀之，在中國海面上商業，大概十六世紀推葡、西二國最盛。十七世紀荷蘭爲首。至十八十九兩世紀，則英國壓倒一切焉。於此時期，歐化東漸，俱由海道自西徂東。其主動力亦推此四國爲首。其他諸國皆依此四國而進焉。

北方俄羅斯國之東進，征服西伯利亞全部，直抵北太平洋沿岸，與歐洲人勢力東漸，有莫大之關係。然與歐化東漸，則關係極微。蓋俄羅斯本國之進爲歐化國家，僅於十八世紀初葉，彼得大帝時而已。明末淸初，野蠻之科薩克軍隊，爲尋黃金與貂皮，而占領西伯利亞，將莫斯科國（Muscovy）之勢力膨漲至太平洋濱。其人不足代表任何文明。其本身文明程度之低，與中國西北之哈薩克人，額魯特人無以異也。秦漢以來，北方匈奴、柔然、突厥、蒙古諸族，皆由東亞向西膨脹。俄羅斯人特轉其方向，由西向東，更恢復蒙古時代之大版圖，使歐亞兩洲產生一統一政府耳。俄羅斯人戰勝喀桑(Kazan)及阿斯脫拉甘(Astrakhan)兩地蒙古人後，得恢復獨立，統歸莫斯科國治理。閱三十年至一千五百八十年(明萬曆八年)，科薩克將葉爾瑪克(Yermak)踰烏拉山，侵入西伯利亞北部。其地滿布森林沼澤，遊牧民族所不居，僅有稀少之漁獵部族，如通古斯人，鄂斯帖克人(Ostiaks)，雅古特人(Yakuts)，居之而已。一千六百三十七年(崇禎十年)俄羅斯人在雷那河畔建立雅古特斯克(Yakutsk)礮台，再越二年而抵鄂狗斯克(Okhotsk)海岸。不久南下至黑龍江畔，與清室大起衝突。清室大勝。一千六百八十九年(康熙二十八年)兩國訂尼布楚條約。俄人放棄雅克薩城(Albazin)，退出黑龍江流域。劃定疆界。直至一千八百五十五年(咸豐五年)始再南進。尼布楚條約更許俄國通商。一千七百二十一年(康熙六十年)，訂北京條約，許俄國使臣駐北京，他國使臣不得享焉。一千七百二十七年(雍正五年)，訂恰喀圖條約，劃定兩國邊界，並協定通商事宜。一千七百三十三年(雍正十一年)，中國遣使至俄國終十八世紀全期，兩國外交甚爲親密。通商集中於庫倫及恰喀圖兩地，以駱駝代船舶。中國輸出者，茶爲大宗。由俄國輸入者爲黃金及皮貨。十一世紀時，俄國人始自額魯特人運入茶葉。不久即全國嗜飲茶較之英美兩國人尤甚焉。入十九世紀以後，俄人在北方，西歐人在南方，肆其精良之兵器，將中國四面包圍。中國仍欲保守其閉關自守政策，不願歐化不可得矣。二十世紀以前，中國輸入歐化，俄羅斯人無功焉。入二十世紀，西伯利亞大鐵路完成，爲中國人往歐洲留學之捷徑。至留學俄國之中國學生，仍極稀少。中國人新學受自俄國者，亦極微末。國民政府在廣東成立，俄人與有力焉。以後共產主義之輸入，及共黨各處擾亂，生民塗炭，使中國國力消耗，亦俄人之賜也。

(參考Steiger History of the Orient C. A. M. de Jesus Historic Macao; E. Bretschneider Mediaeval Researches; Y. G. Hudson, Europe and China; H. B. Morse, International Relations of the Chinese Empire 明史佛郞機傳，荷蘭傳。)

第三節　基督教傳道師之東來

基督教傳入中國，第一次在唐太宗時，有西安府所存之大秦景教流行中國碑及最近在甘肅燉煌縣，鳴沙山石室中所發現唐時景教徒之各種譯述爲證。唐武宗時被禁絕。第二次傳入中國，當元代。歐洲人教士東來者有孟德高維奴（John of Montecorvino），安德魯（Andrew）及鄂多力克（Odoric）等。信徒中有皇后，公主，親王，大將，駙馬等人數頗盛，遠非近時之清代可比。元亡明興，其教亦隨之而亡。與近代之歐化東漸，亦毫無關係。十六世紀葡萄牙人及西班牙人恢復中歐交通時，值歐洲人宗教熱重興。各教會皆極欲向遠方傳教。其中尤以新起之耶穌會（Jesuits）組織嚴密，不亞軍隊，會員皆有湛深學術，具刻苦犧牲精神。在歐洲則改良本教中腐敗，反抗路德新教，在他洲則尾隨探險家之後，極力尋覓新信徒。西葡二國政府，一方在海外擴充版圖，而同時亦負傳布基督教於異類之使命。以爲基督福音爲人類現在及將來幸福之要素，精神上無價大寶，將以公之於所有人類也。

方濟各沙勿略（Francis xavier），西班牙納襪辣（Navane）人。爲耶穌會發起人之一。熱心宗教，精幹多才。一千五百四十二年（明嘉靖二十一年）至印度臥亞（Yoa）傳教。在臥亞附近各地活動數年。至一千五百四十九年（嘉靖二十八年）往日本宣道，途中嘗經過廣州。抵日本後，不久得悉日本文化皆來自中國。日本人對中國甚爲敬仰因思若使中國改奉基督教，則日本亦必尾隨而來矣。沙氏爲人思想所及，必實行之。一千五百五十一年（嘉靖三十年）自日本歸回，道經上川島，（在廣東台山縣正南海中）遇友人帕雷拉（Diego de Pereira）同至麻六甲。籌劃入中國方法。沙勿略更西至臥亞得葡總督之贊成，任命帕雷拉爲往中國專使，沙氏爲隨員。欲代葡王與中國皇帝訂盟好通商傳教，及釋放葡國捕擄諸約。一千五百五十二年（嘉靖三十一年）四月離印度。同行者有僧人一名，非教會中人四名及中國人安拖奴（Antonio）。安拖奴嘗在天主教學校中受教育。此行任翻譯員。至麻六甲時，帕雷拉亦加入。不意麻六甲葡國守官阿爾瓦羅（Don Alvaro de Ataide）無論如何，不許使團前行。反對理由不明。阿爾瓦羅者，著名航海家瓦斯柯達絡瑪（Vasdo da Gama）之子也。臥亞及總督離麻六甲甚遠。葡王及立斯本京城，與教皇及羅馬城，更在萬里之外。沙勿略呼籲無門，在麻六甲、阿離瓦羅即當地皇帝也。彼既阻攔，無法再前行。沙勿略百端設計曉諭，僅得以個人乘船往中國，不許攜帶禮物。帕雷拉留麻六甲亦不許陪行。以前專使聘問之議，完全放棄矣。沙勿略抵上川島，商季已屆，葡國商人在此者甚多。沙氏欲由此往中國大陸。既入中國或可得機久留也。上川島上葡國商人以中國政府取嚴行閉關主義，商人等皆新近自大陸被驅至上川島，沙氏一人祕密往中國，若爲官吏偵知則遷怒商人，或竟上川島貿易權亦被禁止也。故無一人贊助沙氏者。沙氏暗與中國某船長約，載至大陸。至期某船長失約。商期過，葡國商船悉離上川島航歸。沙氏一人與來船獨留，仍希望或有發達其目的。乃忽染病。船顛搖，苦不可堪，請求登岸養病。不意至年底竟一病不起，卒於島上臨時寓舍，時西紀一千五百五十二年也。中國譯員安拖奴始終侍病在側，暫葬島中。以後移葬臥亞。近代史上，來中國基督教第一傳道師之事蹟如是，讀之猶如探險小說也。

沙勿略以後，第一傳道師能在中國久居者爲范禮安（Alessandro Valignani），范亦耶穌會士，籍隸意大利。一千五百七十三年（萬曆元年），耶穌會遣之至印度傳教，後又被遣至日本。路過澳門時，無意中竟羈留是地。欲入中國內地傳教，因請同國同會修士羅明堅（Michael Ruggerius）來中國相助。羅於一千五百七十八年（萬曆六年）至印度，一千五百七十九年（萬曆七年）七月抵澳門，學習官話。嘗隨葡國商人至廣州數次，得門徒數人。後數年，耶穌會派

帕修 (Francis Pasio) 及利瑪竇 (Matteo Ricci) 二人至中國輔助羅氏。帕修不久往日本傳教。利瑪竇則仍留中國。在中國基督教史上享盛名也。利瑪竇亦意大利國人。一千五百五十二年（嘉靖三十一年）十月六日生於安柯那邊界 (Mauh of Anchona)，瑪塞拉塔城 (Macerata) 少時，其父使之往羅馬學法律。當時青年人多志慕耶穌會士。瑪竇亦投入會中爲修士。初入會時，教師爲范禮安。由范之引誘，瑪竇發願往東方中國。在羅馬爲學生時，潛心研究算學，宇宙學，天文學。尤精天文。以後在中國即以天文學接近中國士大夫而著名也。一千五百七十七年（萬曆五年），請願往東方傳教。翌年抵臥亞。教書之暇，學習宗教學。一千五百八十二年（萬曆十年）應范禮安之召，至澳門。先學中國語言文字。次年（萬曆十一年）羅明堅與利瑪竇二人得入廣東省城肇慶府久居。二人初不欲即傳教，以免中國人誤會，僅以慕中華文物，觀光上國爲名，交接中國士大夫。西方時辰鐘，尤爲華人所驚羨。瑪竇繪一世界地圖，表明歐洲各國地位，而又特置中國於中央，以符中國士人舊觀念。其他各國皆爲邊疆裝飾品。精閑算學，尤足使中國士人信仰。居肇慶不多月，頗交接士大夫。耶穌會創辦人羅育臘 (Loyola) 生平傳教，不分貴賤，對於貧民，未嘗歧視。然深信若能得上級社會信仰與贊助，則下級社會傳布工作，自易爲力。上帝大榮譽，亦易達到也。在中國此策尤然。所有傳教師無條約保障，全恃政府贍養輔助。若欲永久在境內居留布教，必須與國中之士人交歡，維持地位。蓋士爲四民之首。所有政府官吏皆自士人選拔而來也。明末中國學術界對於新知識，尙表示歡迎。亦有對舊哲學表示不滿意，存懷疑之心，而願承受外國新學說者。耶穌會士在中國，先以歐洲之技巧製造品，引起中國士人之好奇心，得其稱許。再進而證明有數種學術，歐洲人士研究較中國人爲精密。待各種學術溝通以後，中國士人當可更進而研問歐洲人是否亦有哲學及宗教眞理，可值注意也。明史卷三百二十六意大里亞傳言：『其國人東來者，大都聰明特達之士。意專行教，不求利祿。其所著書，多華人所未道，故一時好異者咸尙之。而士大夫如徐光啓輩，首好其說，且爲潤色其文詞，故其教驟興。』明史此數語可以證明耶穌會人傳教策略之方法與成功矣。居肇慶數年，傳教成績不佳。一千五百八十五年（萬曆十三年）有友人在官者，請羅明堅及阿爾梅達（Almeida）二人北遊至杭州。始得一機會，深入中國內地。羅以後，似又曾至廣西。前途困難甚多。各神父甚願歐洲各國君王能遣一公使與中國皇帝磋商，俾得允許在中國內地傳教。無皇帝特許，僅恃地方官恩情，甚爲不妥且極危險。一千五百八十八年（萬曆十六年）羅明堅特回歐洲遊說各國君主派遣使節，種種困難稽延，致羅氏於一千六百零七年（萬曆三十五年）卒於薩樓奴（Salerno）西歸目的未達，竟辭此世而長去矣。

羅明堅既卒，中國傳教事業仍進行不已。一千五百八十九年，在肇慶被逐，乃往韶州別立教堂。耶穌會人仍用其高深之算學，天文，機器學，以得中國士大夫之信仰。利瑪竇等初入中國，皆衣佛教僧人之服。一則使人不注意，二則使人知其爲傳道師也。不久即知僧人在中國社會中地位不高，士人爲全社會中最要之分子。因此更改原來僧服，而用中國士人之服。瑪竇欲至北京，謀取得朝廷之允可，俾傳教事業有法律上之認可。初次努力，僅得至南京，不久被人反對，南歸至江西省城南昌暫居。一千五百九十八年（明萬曆二十六年）經二十年繼續不停之努力，耶穌會在澳門以外地方，僅有會士七人，教堂三所而已。會友死亡者甚多，而對中國所予之印象極微。在他人必已失望，但利瑪竇仍忍耐從事，絕不灰心。謀欲達北京，曾從某部尚書至北京。入城後，不久即被遣南歸至南京。得地方官允許久居，從事結交士大夫，頗得信徒。有徐光啓者，心襟尤寬，爲明末學術界改革之先鋒。徐氏曾入相從利氏遊，改奉天主教。自是爲教中柱石，忠於所宗。以其高位文學謀略，對於宗教盡力輔助。光啓有女，教中人稱之爲康狄達（Candida）亦崇奉耶穌。早年孀居。獻身傳教。其功尤偉。氏使閭巷說書人學習基督福音，再演之於下級社會，使衆周知。今代中國耶穌會教育之中心，在上海徐家匯徐氏故宅，蓋卽紀念徐氏也。利瑪竇堅忍不拔，經多年困苦，卒於一千六百零一年，達其所希望之目的地北京。得政府允許可久居其地。利瑪竇在北京所施用之方略，一如在他城所行而獲大效者。以其所知之歐洲科學交接士大夫。利氏并利用餘暇，極力攻讀中國四書五經。宣彼教時，極力引用中國經典，以博中國士人信仰。因之中國達官顯宦，多與之遊。爲之請於朝廷，給祿賜第。利瑪竇及其徒在北京之優越地位，對於全中國有良好影響。自是各處皆開放門戶，歡迎天主教教士。多年所希望之結果，竟如願收穫矣。韶州教會亦進步甚速。附近城邑，增設教堂多所。收錄教徒日多。用莊嚴典禮，公開施洗，民衆亦不反對矣。教徒未入教之先，依教師言懺悔前惡，或自製懺悔辭。在北京竟有達官顯宦翰林學士以及天潢貴胄，皆來受洗。一千六百零五年（萬曆三十三年）時，北京共有新教徒二百餘人。耶穌會人來中國者日多。在澳門設立學校專爲訓練本地傳教師之用。一千六百零六年謠言紛起，謂葡萄牙人勾結耶穌會士謀叛。澳門貯藏軍火甚多事成推教士郭居靜（Cataneo）爲帝。澳門附近人心惶惶。地方官戒備教士稍受虐待。北京亦覺不安但不久即平。一千六百十年（萬曆三十八年）由徐光啓之介紹，在上海立新會。此年利瑪竇卒於北京，賜葬阜城門外二里溝柵欄地方。喪禮及坟墓，皆依遺命，效法中國人風俗。利氏實爲外交家。其在中國傳教成功甚大，留印象於中國人甚深。杭州志記其人『拳鬚碧眼，聲如洪鐘』云。深知欲基督教在中國普遍流行，必須其國文化制度改從西方，或教會必須改革向來教法習慣，以適合中國人生活情形。當彼時，欲求中國改革文化制度以適合教會，爲不可能之事。故彼取後法。改變教法，以應中國環境。此事引起以後禮節上大爭論。使耶穌會多年工作受大打擊。而傳教事業，亦完全失敗。證明利氏所取之策略爲是也。利氏臨終，耶穌會中友人就床榻前問『君將死，留吾輩於何地。』利答以『吾留君於一門前。此門開後，有大功勳。但開時不無困難及危險。』此數語證明利氏所處之地位及精神也。利瑪竇輸入西學之功，亦可推爲首。著書有天主實義二卷，畸人十篇二卷，辨學遺牘一卷，幾何原本六卷，交友論一卷，同文算指十一卷，西國記法一卷，測量法義，萬國輿圖，西字奇蹟，乾坤體義三卷，勾股義一卷，二十五言一卷，圜容較義一卷，渾蓋通憲圖說二卷。利瑪竇死，天主教初期傳入之歷史亦告終。此期中天主教他會如方濟各會（Franciscans），奧斯丁會（Augustinians），多明峨會（Dominicans）等，亦皆由西班牙人保護，自斐律賓羣島至澳門。試入內地，但俱失敗。瑪竇死時，僅耶穌會在澳門以外，有教堂傳布福音，他會皆不能也。亦僅耶穌會人對於輸入歐化有功，他會皆無也。

利瑪竇死，依遺命以龍華民（Nicolo Longobardi）繼任。會基已固，各事照常進行，不以更換主任而見阻礙。龍華民為西錫利島人。家世閥族。一千五百九十七年（萬曆二十五年）抵中國，閱歷甚多。對中國傳教根本政策，有數端與利瑪竇大相逕庭。然二人交情甚密。故利生時，卽薦龍以自代也。傳教事業日漸興旺。一千六百零六年（萬曆三十四年），熊三拔來華。一千六百十年，有會士六人，自歐洲來華。一千六百一十三年（萬曆四十一年）復有四人來華。一千六百一十六年，（萬曆四十四年）禮部郎中徐如珂，侍郎沈漼，給事中晏文輝，余懋孳等交章彈刻教士王豐肅（Alphonso Vagnovi）專以天主教惑衆，一如白蓮無爲諸教。且往來壕鏡，與澳中諸番通謀。神宗納其言令豐肅及龐迪我熊三拔俱退入澳門。熊三拔以一千六百二十年（明泰昌元年）卒於澳門。三拔精天文學利瑪竇特請耶穌會派之來中國助修曆法也。三拔死，會中復遣鄧玉函（Terrenz）繼之。玉函未入教前俗名施萊克（Schreck）。年三十餘入耶穌會精岐黃術闡本草。復善算學。在歐洲時嘗交遊義大利國著名物理學家蓋利流（Galileo）深知修曆為中國要政。耶穌會人欲免除驅逐，不可不盡力為中國修曆。一千六百二十九年（明崇禎二年）以徐光啓之薦復入欽天監。勤慎從事克盡厥職。未及一年至一千六百三十一年（崇禎二年）五月十三日死於職。繼其任者為湯若望（Johann adan Schael Von Bell）。若望德國科龍城（Cologue）人。生於一千五百九十一年（萬曆十九年）。一千六百一十一年（萬曆三十九年）入耶穌會。修行勤學後，自請至中國傳教。一千六百十九年（萬曆四十七年），抵澳門。時正中國政府排斥天主教，故暫時不得入內地傳教。至一千六百二十二年（天啓二年）始入內地。鄧玉函卒後，被召至北京修曆法。後為會中主任。從湯入北京者，尚有羅雅谷（Jacques Rho）。同事數年。卒於一千六百三十八年（崇禎十一年）。一千六百四十四年（清順治元年），李自成破北京，明室亡。清室自東北入關代主中國，傳教事業，不因鼎革而生阻障，反較前更盛。在北方則清順治帝留用湯若望爲欽天監。恩寵甚隆，頒賜官祿蔭及父母，賜地賞金，建築教堂，卽今北京宣武門內南堂是也。堂成，帝御書碑文頌揚天主教，碑雖非正式允許奉教自由，而其影響國內甚大也。在南方之教士，隨從明桂王者，其勢力較之湯若望爲更盛。教士瞿紗微（Andrew Koffler）又名Andrewxavier）卜彌格（Michael Boym）二人皆受明永曆帝官爵。永曆嫡母王太后受洗，教名烈納（Helen），生母馬氏教名瑪利亞（Maria），妃王氏教名亞納（Anna），太子慈烜教名當定（Constantine），粵閩總督龐天壽教名亞基樓契利斯當（Achilleus Christao）。南明帝室奉教之故，不可確知。謂欲藉此可得西洋人之實力相助，以挽回頹勢，則不免揣測之辭也。卜彌格奉永曆帝命出使教皇，歸卒於安南。瞿紗微在廣西爲清兵所害。清室統一以後，天主教士來中國者日多，在中國之新信徒亦與日俱增。康熙時，教中各會因「天主」「上帝」「天」三譯名，以及教徒跪拜帝王長官，奉祀祖先牌位，尊禮孔子等問題，互相攻擊。利瑪竇曾用「天主」「天」「上帝」三名譯以西文God。又謂禁止基督徒祭祀山川佛老兩教神祇，以及他種偶像淫祀則可，至若禁及祭祀祖先孔子，則攻擊中國人之國家及家庭，爲中國人所最不悅。必遭大反對，而基督教亦不能行也。在中國之耶穌會人士雖不能全體一致擁護利瑪竇之說，而大多數則贊成之也，方濟各會、多明峨會、奧斯丁會等或因會務忌妬，或因國籍不同，情感各異之故，皆一致指斥耶穌會。辨論百餘年不熄。一千六百六十九年（康熙八年）至一千七百零三年（康熙四十二年）三十餘年間爭論最烈。一千七百年時（康熙三十九年），耶穌會士請康熙帝解決所爭問題。帝意與耶穌會士相同。『中國供神主乃是人子思念父母養育，譬如幼雛物類，其母若殞，亦必呼號數日者，思其親也。……況人爲萬物之靈，自然誠動於中，形於外也。……敬孔子者，聖人以五常百行之大道，君臣父子之大倫，垂教萬世，使人親上死長之大道，此至聖先師之所應尊應敬也。』中國敬天，並非「以天爲物」。西洋人『不通文理，妄誕議論，若本人略通中國文章道理，亦爲可恕，伊不但不知文理，即目不識丁，如何輕論中國理義之是非，即如以天爲物，不可敬天，此即大不通之論。譬如上表謝恩，必稱皇帝陛下階下等語。又如過御座，無不趨蹌起敬。總是敬君之心，隨處皆然。若以陛下爲階下座位，爲工匠所造，怠忽可乎。中國敬天亦是此意。』呼天爲上帝，即如稱朕爲萬歲，稱朕爲皇上。稱呼雖異，敬君之心則一』（見康熙與羅馬使節關係文書）會中人將康熙帝意旨及其他中國學者之解說寄往歐洲，而教皇克萊孟十一世（Clement XI）終不聽，卒於一千七百零四年（康熙四十三年）十一月二十日下令禁止「用上帝」「天」等字，僅許用「天主」以譯 God。教堂內不許牌位上有「敬天」字樣。基督徒不許祭祀孔子及祖先，欲祀祖先者牌位上僅許書祖先之名，不許書「神之位」字樣。羅馬教皇一令停止百餘年之爭論，但在中國如何行使其令，中國爲獨立國，非他人附庸，行之與已成立之教堂是否不發生不良結果，教皇等不問也。康熙五十九年帝見教皇禁令，硃批云：『覽此告示，只可說得西洋人等小人，如何言得中國之大理。況西洋人等無一人通漢書者，說言議論，令人可笑者多。今見來臣告示，竟是和尚道士異端小教相同，比此亂言者，莫過如此。以後不必西洋人在中國行教，禁止可也，免得多事。欽此』因此教士被逐回國者甚多。天主教在中國自是發展遲緩，毫無進步，幾至於絕者一百二十餘年，直至道光末鴉片戰爭後，藉用政治勢力及兵力，始得再行。教徒在中國多享特別權利，不守本地法律，倚服教士，欺陵鄰閭，以力服人者，非心服也。中國人自是對於基督教存一畏懼心理。上等社會不敢接近矣。入民國教案止息。稍稍復有上等社會人與之過從來往矣。民國十二年，已故大公報主筆英華字斂之，與美國本篤會士司泰來、奧圖爾等在北京創辦輔仁大學，爲天主教在中國第一大學。天主教注重紀律。當此國家社會改造之際，各種學說無限制輸入，狂士提倡廢孝，而內地無知青年竟有以殺父爲英雄豪傑者。中國人民將流爲梟獍矣。天主教人獨以道德紀律爲倡，未始非狂瀾中一砥柱也。

路德新教創於十六世紀。十七世紀末葉（康熙三十年後）歐洲北部奉新教者，有瑞士、德國北部、瑞典、那威、荷蘭、蘇格蘭、英格蘭，及威爾斯之大部，愛爾蘭之一部。十七世紀以前，奉新教諸國，對於海外發展，皆不注意。美洲及亞洲爲歐洲南部天主教國家所佔領者，皆不許新教傳道師居住。此期新教領袖皆埋頭組織教會，爭論教義，防衛自己宗教地位，無暇顧及海外傳教。十七，十八兩世紀中，德國新宗教家皆謂基督教徒無向外傳教之責任也。新教國家之君主，亦無舊教君主之熱心，且有反對傳教者。十八世紀末（乾隆末嘉慶初）歐洲以外，人羣社會中僅有少數新教傳道師。直至十九世紀及二十世紀，全體新教始活動傳教事業。近代歐化之輸入中國，新教徒之功高於舊教徒翻譯新書，灌輸新知識及各省設立教會學校，自小學，中學，以至大學。使中國中上社會子弟，受新教育。在本國有相當預備，得往外國大學或研究院再得高深教育。新教徒之功尤偉也。新教最初傳道師來中國者，爲英國人瑪禮孫（Robert Morrison）。一千七百八十二年，（乾隆四十七年）氏生於諾森姆伯倫（Northumberland）。長成於教會家庭中，自幼熱心傳教。年十五六時，入長老會（Presbyterian church）。在倫敦爲學生時，即已發願將來至中國傳教。自大英博物館借得中國書，請某中國人教之。未至中國而中國語言已閑熟矣。一千八百零四年（嘉慶九年），自薦於倫敦傳教會（London Missionary Society），而英國東印度公司反對傳教。不得已，乃往美國，乘美國船往中國，得美國國務卿馬第孫（Madison）致美國駐中國領事之介紹函。由紐約出航，於一千八百零七年（嘉慶十二年）九月中抵廣州。延中國天主教徒二人，再學習中國語言文字。一千八百零九年（嘉慶十四年），爲使本人在中國地位穩固之故，乃入東印度公司充翻譯。一千八百十六年（嘉慶二十一年），隨英國公使阿美斯德（Amherst）至北京充翻譯。第一天主教教士沙勿略嘗欲依附葡萄牙國商人公使入中國，而第一路德新教教士瑪禮孫亦利用英國商人公使以入中國。誠可謂兩相映對矣顧瑪禮孫雖爲東印度公司翻譯，職守不廢以外心中固未嘗一刻忘傳教大業也。脫離公司，則無所依附。求他途徑，而又無門。所幸生性好學勤苦過人。既無他種方法可以傳教，乃專心於文字工作。一千八百十九年（嘉慶二十四年），與米內（Milne）二人用淺近文理譯完新舊約全書。更著第一部中英文字典、中國文法書等。大半時間消耗於著述。與中國人交接甚少，故受其洗者寥寥無幾。氏與其徒在中國傳教二十五年，受洗入教者僅十人而已。瑪禮孫欲在廣州或澳門建一英華學校（Anglo-Chinese College），俾可爲傳教中心點。但兩地皆有大阻障不得行。乃於一千八百十四年在麻六甲（Malacca）擇地建舍。斯時新嘉坡尚未建立。印度以東在英國人管轄下者，僅麻六甲城而已。麻六甲有華僑數千人。立學校先行教導僑民西方文化。英國人願學中文及中國文化者，亦可入校。此校實中西文兼授。一千八百十八年（嘉慶二十三年）校舍成。瑪禮孫自捐英金一千磅爲基金，又年捐一百磅爲行政費。東印度公司亦年捐若干。初開學時，約有學生二十餘人。第一班所習之功課爲地理、幾何、天文、倫理，英文及漢文。管理者爲米內。此校之立，不免超過時代。英國人入校極少，而中國上等社會又不需要此等訓練。來學者僅商人或外國人雇員。不久功課改淺。前十五年間畢業者有四十八人，內有十五人受洗。米內卒於一千八百二十二年（道光二年）。他人繼其任。一千八百四十二年（道光二十二年）南京條約成立，學校遷至香港新屬地。當時在麻六甲所辦者，英華學校以外尚有印刷局一所，專印新教中出版物。又有雜誌兩種，一爲華文月刊，二爲英文季刊。瑪禮孫卒於一千八百三十四年（道光十四年）八月一日。壽僅中年，葬於澳門。氏無沙勿略或利瑪竇之才，但見解甚高，爲人誠懇，心思專一，學識淵博，是非判明。新教中罕見之人才也。瑪禮孫既卒，其友人爲之捐款作紀念。翌年會成，名曰「瑪禮孫教育會」（Morrison Education Society）。第一次捐款得美金四千八百六十元。即刻以一部贈之已成立學校數處。又在澳門另成立一新校，校名爲瑪禮孫學校（Morrison School）。延請美國人勃朗（Samuel R. Brown）爲校長。此校後又遷至香港。校中著名學生有容閎、黃寬二人。容黃二人爲中國近代最早留外國學生。容畢業於美國耶魯大學。下節復有詳記。黃先至美國，後至英國愛丁堡大學學醫畢業。懸壺香港，爲中國最早知西醫者。瑪禮孫生時，未得見本人志願得達。死後其友人繼承之。

九泉之下，亦可含笑矣。

美國脫離英國獨立，但對外傳教事業，仍多與英國合作。美國教會最早來中國者爲公理會(American Board of Commissioners for Foreign Missions)。一千八百二十九年（道光九年）遣阿拜爾(D. Abeel)及裨治文(E. C. Bridgman)二人來中國傳教。一千八百三十年二月，二人抵廣州，阿拜爾居一年即回美國。裨治文留粵學中國語言，未久，創立一小學，教導兒童，從事著述。一千八百三十一年（道光十一年）由美國取得印刷機一付。一千八百三十二年五月起始發印中國文庫雜誌(The Chinese Repository)，目的不獨爲播佈傳教新聞於外國人，同時亦宣揚中國法律、風俗、歷史、文學及時事於歐美人士。歐美商人在中國者，多不知中國事情而輕視中國。此雜誌灌輸中國知識於西人，使之了解中國事情，功不淺也。一千八百三十四年（道光十四年）公理會遣彼得拍克(Peter Parker)至中國傳布醫學知識，是爲最早教會醫生至中國者。一千八百三十五年在廣州立一眼科醫院，治愈多人。以前中國人對於西醫有各種誤解，至是完全剷除。後於公理會來中國者爲浸禮會(Baptists)。一千八百三十六年（道光十六年，歐克(J. Lewis Shuck)氏爲該會第一代表人抵澳門傳教幸運不佳第一教友不久脫教。歐克非常灰心會中所給薪俸甚微，不足自養與他教士復多齟齬。次於浸禮會來中國者爲安立干會(Anglican)　一千八百三十五年，有洛克吳德(H. Lockwood)及漢生(F. R. Hanson)二人代表該會抵廣州不久至新加坡學習語言文字數月後往爪哇巴塔維亞城。一千八百三十八年(道光十八年)皆因病回國該會眞正創始代表人爲彭恩(William J. Boone)，一千八百三十七年抵巴塔維亞，後至廣州。第四美國教會至中國者爲長老會(Presbyterian)。此會初與公理會合作。一千八百三十七年自立董事會。一千八百三十八年，前美國參議院議員婁麗(W. Lowrie)辭去議員職務，專事傳教。先至新加坡，後至中國。南京條約以前僅澳門廣州兩埠允許外人居住。故教士輸入歐化亦至有限。此期教士工作僅限於翻譯聖經及少數雜誌而已。

鴉片戰後，南京條約成立，香港割讓於英。廣州、廈門、福州、甯波、上海五港，開爲通商碼頭。外國人居住地增加。天主教及路德新教各會活動範圍，亦因之大爲增加。傳教師來華人數激增。天主教將中國劃爲數區交各教會分區傳教，不相妨礙。耶穌會（Jesuit）不復在北京立總部，而另於上海附郭之徐家匯明代徐光啓舊宅立總會，作活動之總機關。設高等學校教導華人。設圖書館收藏中國舊書，立觀象台測量沿海氣候。又立動植物博物院及印刷所，出版中西文書籍。儼然爲一學術中心點也。味增爵會（Lazarist）得河南、蒙古、江西、浙江、河北一大部爲其傳教區。多民我會（Dominican）得福建。巴黎外國傳教會（La Societe des Missions Etrangeres de Paris）得滿州、廣東、廣西、海南、雲南、貴州、四川、西藏等地。方濟各會（Franciscan）得湖南、湖北、山西、陝西、山東。各會極爲努力。時新教（下方稱耶穌教）各會更形活動，輸入歐化於中國，及使歐美人了解中國事情之功，以前歸之天主教；自是漸入新教徒之手矣。英國倫敦傳教會（London Missionary Society）將麻六甲之英華學校遷至香港，隨學校而來者，有其校長理雅各（James Legge）。理雅各爲一著名學者，後爲牛津大學教授，曾翻譯中國四書五經成英文，介紹中國文化於歐洲。其功甚偉。一千八百四十七年（道光二十七年）慕維廉（William Muirhead）至上海。譯米納氏（Milner）大英國志爲漢文。一千八百四十八年（道光二十八年）艾約瑟

（Joseph Edkins）抵上海。氏爲有名學者。關於中國有甚多著述。尤精於中國佛學。一千八百五十年（道光三十年）美國長老會遣丁韙良（W. A. P. Martin）至甯波傳教。丁氏以後爲北京政府設立之同文館館長。同文館卽今北京大學之前導，教導中國學生以外。著述宏富。嘗翻譯萬國公法爲華文，輸入西學，厥功甚偉。一千八百四十八年，美國公理會教士衞三畏（Samuel Wells William）之中國總論（The Middle Kingdom）兩巨册著成。傳布中國歷史、法律、社會、風俗於歐美。一千八百四十七年（道光二十七年），英國外國聖經會遣偉烈亞力（Alexander Wylie）至上海。偉烈知天算。居中國三十年。與中國士大夫交遊甚廣，著述宏富。有幾何原本續篇之譯。氏輸入西洋科學於中國，販運中國科學於西洋。功亦不淺。一千八百五十一年（咸豐元年）美國聖公會（Protestant Episcopalians）在上海建一幼童學校，以後逐漸擴張，成今日之聖約翰大學。爲中國培造政界學界商界人物甚夥。咸豐庚申年（一八六〇），英法聯軍破北京，逼清帝再訂通商傳教條約。增牛莊、煙台、台南、淡水、汕頭、瓊州、南京、漢口、九江、鎮江爲商埠。教士受保護，傳教來者更多。歐化輸入更易。商埠中有教會、官吏、商人各團體成立。自此種團體發生各種影響。以後五六十年時間，使中國人思想，政治、社會、家庭各種組織，皆起莫大變化。

由咸豐庚申（西一八六〇年）至光緒庚子（一九〇〇）四十年間，中國外狀及歐化輸入，無多大變遷。但各方所積之壓力，已使中國不能保守舊狀，不得不變而歐化矣。此時期有功於輸入歐化者爲美國長老會駐山東登州牧師狄考文（Calvin W. Mateer）。狄氏於一千八百六十四年（同治三年）立文會館於登州，教育中國青年。近時名人吳佩孚即斯時學生之一也。文會館以後併入濟南齊魯大學。狄氏精於算學，編有筆算數學，代數備旨等書，爲中國三十年前初辦學校時各校所採用之算學教科書也。美國聖公會主教施若瑟（Samuel Isaac Joseph Schereschewsky）於一千八百七十九年（光緒五年）在上海建立約翰書院，以後改名聖約翰大學。近代外交界名人顏惠慶等，皆此校之畢業生也。美國美以美會（Methodist）教士林樂知（Young J. Allen）於一千八百六十年（咸豐十年）抵中國。一千八百八十二年（光緒八年）在上海建中西書院（Anglo-Chinese College）。近代名人畢業此校者亦甚多。此校以後改滬江大學。林氏於一千八百七十五年（光緒元年，）創月刊萬國公報（A Review of the

Times），灌輸西國思想於中國士大夫。光緒戊戌以前，中國人所知外國事情，端賴此報。林氏尚有中東戰紀等書之輯。極力鼓吹中國須變法維新。與戊戌維新黨人來往甚密。美國長老會教士李佳白（Gilbert Reid）於一千八百九十四年（光緒二十年）在上海立尚賢堂（The Mission among the Higher Classes of China. 一千八百九十七年更名 The International Institute of China. 中文名仍舊。）專務交結中國上等社會，得中國總理衙門之贊助，用演講及出版物，灌輸西洋文明於中國士大夫。傳教目的未達，而傳播西洋科學之功，固不可泯也。英國浸禮會（English Baptist Missionary Society）教士李提摩太（Timothy Richard）一千八百四十五年（道光二十五年）生於威爾斯。一千八百七十年（同治九年）來抵中國。先至山東青州傳教。時山東風氣未開，反對傳教。氏以堅忍精神，卒得久居。其傳教方法，亦如明末利瑪竇，以不變中國風俗，交結上等社會入手。活動範圍甚廣，宗教以外，注意改良中國經濟及學識。一千八百七十七年（光緒三年）至一千八百七十九年（光緒五年），山西大饑，氏往放賑之外，教地方官民以開渠、植樹、農礦諸事。俾可永久免除荒旱之災。留山西八年，用出版品及演講結識士大夫，免中外隔閡。氏甚讚美中國文化，而西國科學有利於中國國計民生者，亦極力介紹。主持廣學會(Society for the Diffusion of Christian and General Knowledge)多年，出版書籍雜誌甚多。嘗與上海人蔡爾康合譯馬懇西之泰西新史攬要(Mackenzie's History of the Nineteenth Century)。賣出一百萬部以上。翻版及節本者尚不在內。每當各省科舉鄉試，士紳羣集之期，該會運至各省城推銷其出版品。故士紳獲得新知識，皆斯會之功也。戊戌維新黨首領，康有爲、梁啓超，皆與氏爲莫逆交。梁氏且曾爲氏之短期記室。廣學會經費，不獨英美人士慨然解囊，卽中國之達官顯宦，如李鴻章、張之洞、聶緝規等，亦皆踴躍輸將。光緒帝亦曾讀會中出版書。故延氏至北京爲顧問。拳匪亂後，氏請英政府留賠款五十萬兩銀於太原府，立山西大學，教育華人，啓發新知識，庶可免其將來之排外。英政府許之，任命氏全權管理山西大學。十年以後，再交還大學於中國。第一任校長爲敦崇禮(Moir Duncan)，斯卽今日山西大學之起始也。自明末有西洋傳道師以來，功業之偉，未有如李提摩太者也。英國人傅蘭雅(John Fryer)一千八百六十一年，(咸豐十一年)抵香港，充聖保羅書院(St. Paul College)教員。後江南製造局請之與華人合譯西書。範圍甚廣。所有算學、化學、生物、物理、地理、音樂、身理、衛生、天文、歷史、哲學、神學、教育、法律等學皆有譯本。直至如今，其所訂名辭（如輕氣養氣之類）尙留於人口不可廢也。又有教士受中國政府之聘，代中國組織學校，充教務長者。如天津西沽北洋大學之成立，在光緒二十一年，實盛宣懷於中日戰後，延請美國教士丁家立(Charles D. Tenney)所組成。中國專科大學當以此校爲始。丁氏先在山西公理會傳教。後至天津充美國領事館翻譯及副領事。並在李鴻章家授李經楚英文。上海徐家匯南洋公學，亦爲盛宣懷延美國教士福開森(John C. Ferguson)組成。教成人才甚多。當時科舉未廢，本國人留學外國者少，專科大學課程編配，專賴外國人之指導。美國教士尤多竭誠盡職。翻譯書籍，組織學校以外，各教會在中國各地設立印刷所，印刷書籍與宣傳品。其技術與組織法，給中國人以莫大影響。即如今國中最大之書局，商務印書館之創始人，亦自教會印書館學得其技能也。在歐化輸入中國之初期，教士之功，誠不可泯。庚子拳匪亂後，本國東西洋留學生大增。歐化輸入之功，乃由教會手中移歸本國人矣。猶之漢魏以後，印度佛教之傳入中國，初期皆爲外國人，以後乃有本國人，如法顯、玄奘、義淨也。今代教會中人輸入歐化於中國，雖已讓首功於中國留學生，但輸出中國文化於歐美，著書立說，使歐美人了解中國事情，仍常佔第一位也。各處教會所立之大中小各級學校，皆頗爲中國士大夫所信任。良以本國政治無常軌，各級學校，皆受政治影響，經費不裕。校長教員隨政潮爲進退；一歲之中，數次換人。人懷五日京兆之心，不知職任爲何物。學生投入政黨，甘爲政客攘奪之工具。以奔走運動，虛僞囂張爲習尙；讀書實驗爲可恥。在此時期，教會學校仍本其良心職任以行。校規嚴明，學生尙能安心讀書，實事求是。大爲中國社會所尊視。

（參觀 K. S. Latourette, A. History of Christion Missions in China; G. G. Hudson, Europe and China; Couling The Encyclopaedia Sinica; 康熙與羅馬使節關係文書；樊國樑燕京開教略。

第四節　中國人留學及遊歷外國

自明武宗正德時，葡萄牙人東通中國後，歐洲商賈教士至中國者甚多。前二節已言之矣。而中國人往西洋者，究有若干人歟？留學生爲輸入歐化最要之媒介，不可不有專節論之也。中國最早往歐洲留學者，似爲鄭瑪諾。瑪諾字推信，廣東香山澳人。自幼往西國羅馬京都，習格物、窮理、超性之學，並西國語言文字，深於音學，辨析微茫。康熙十年，辛亥，來北京。十三年甲寅卒。墓在阜城門外滕公柵欄。康熙時有馬公瑪竇者，意大利人也。泛海三年始至中國，後敷教北京，以丹青天文馳名。康熙帝以賓禮待之，每與帝遊，極其禮愛。後設帳於京。及聖祖崩，馬公請歸。上問其所欲，對曰：『願得英才而教育之。』上忻然允諾。及歸至那波利港（Naples）乃以立書院之事請命於王。王許之，爰建高館於城內，名聖家書院，亦名中國學館，專教華人。嗣後華人往者頗不乏人。大率湖北人往其處學習宗教也。道光三十年，有蘇人陸霞山與同志二三人，航海西經緬甸、印度、阿非利加、法蘭西、西班牙，抵意大利那波利府。肄業於聖家修院八年，至咸豐七年，返棹回國，充楚北司鐸。宗教家皆主靜修，獨善其身，不願多與外界交遊，不注意政治學術。故鴉片戰前，由中國往歐洲留學宗教者，雖代不乏人，而求其有影響於中國文化則甚微也。清代康熙、雍正、乾隆三朝盛時，外國使來中國者甚多。教化王（即今之教皇）之使亦曾數至。然清朝在此一百三十餘年長期間，竟未一次遣使浮海至西歐，採風問俗，誠可異也。嘉慶間，有嘉應州人謝清高從賈人走海南，遇風，覆其舟。拯於番舶，遂隨販焉。遍歷南洋、印度洋、歐洲、美洲、太平洋諸地而回。其鄉人楊炳南爲之記，顏名曰海錄。謝氏爲近代最先中國遊歷家至歐美者。海錄所記，不過風土人情與商況。至若政治宗教、學術，非其所及也。書中無特別記載可以引起人注意者。故書出版於世無多大影響也。最先留學生回國後在政治上有影響者，當推粵人容閎。氏字純甫，一千八百二十八年（道光八年）十一月生於距澳門西南可四英里之彼得島南屛鎭。一千八百四十一年（道光二十一年）進瑪禮孫學校。一千八百四十七年（道光二十七年）一月四日隨校長美國人勃朗(S. R. Brown)經印度洋、好望角、聖希利那島、渡大西洋而至美國紐約。共行九十八日。至是年四月十二日達目的地。同行者尙有黃勝、黃寬二人。三人共入美國麻沙朱色資州 (Massachusetts) 之孟松學校 (Alonson Academy)。一千八百四十九年，（道光二十九年）黃勝因病返國。容等期滿因資助者欲二人去英國蘇格蘭愛丁堡習專門。黃寬乃去英，學醫七年。以第三名畢業。一千八百五十七年（咸豐七年）歸國懸壺。一千八百七十九年（光緒五年）逝世。容不願去英，以喬治亞省薩伐那婦女會之助及自己工作所入得留美。一千八百五十年（道光三十年）入耶路大學 (Yale University)。一千八百五十四年（咸豐四年）畢業該校。斯年十一月，由美起行，復經好望角返國。初營商。一千八百六十年（咸豐十年）至南京謁洪秀全之姪干王。說以七事，冀太平軍之能用其言而改造中國。但結果不能如其所期。仍爲茶商往來皖贛各省。特別注意社會現象。一千八百六十三年（同治二年）正營業九江、曾國藩幕友張世貴李善蘭（壬叔）等相召。是年八月至安慶見曾。十月奉曾命去美購機器。一千八百六十五年（同治四年）春攜機器返國。置廠上海，卽今江南製造局也。已而復說曾於廠旁立廣方言館。招學生肄業其中。授以機器工程上之理論與實驗，以期中國將來不必需用外國機器及工程師。此校以後造就人材甚多。又上說帖於江蘇巡撫丁日昌。條陳四則：一、中國宜組織一合資汽船公司。公司須爲純粹華股。不許外人爲股東。卽公司經理職員，亦概用中國人。二、政府宜選派穎秀青年送之出洋留學，儲蓄人材。派遣之法，初次可先定一百二十名學額以試行之。此一百二十人中，又分爲四批。按年遞派。每年派送三十人。留學期限定爲十五年。學生年齡，須以十二歲至十四歲爲度。視第一第二批學生出洋留學著有成效，則以後永定爲例。每年派出此數。派出時，並須以漢文教習同往。庶幼年學生在美，仍可兼習漢文。至學生在外國膳宿入學等事，當另設留學生監督以管理之。三、政府宜設法開採礦產以盡地利。礦產既經開採，則必兼謀運輸之便利。凡由內地各處以達通商口岸，不可不築鐵路以利交通。四、宜禁止教會干涉人民詞訟，以防外力之浸入。四條皆爲當時切實要務。惜至一千八百七十年（同治九年）始得機會，蒙曾文正將其第二條入奏。得准。於是組留學事務所。設監督二人，漢文教習二人，翻譯一人。監督爲陳蘭彬及容閎。學生暫定爲一百二十人。分四批。每批三十人。按年分送出洋。學生年齡定爲十二歲以上，十五歲以下。在上海先立一預備學校。北方風氣未開。一千八百七十一年夏，第一次招考竟未足額。乃往香港英政府所設學校中遴選聽穎少年。故一百二十名官費生中粵人竟十居八九。一千八百七十二年（同治十一年）夏季之末，第一批學生三十人，渡太平洋赴美國。立留學事務所於哈特福德（Hartford）。一千八百七十六年（光緒二年，）陳蘭彬升任駐美公使，薦吳子登（名惠善）自代。吳性情怪僻。爲人好示威，一如往日之學司。接任之後，卽招學生至使署中教訓。各生謁見時，均不行跪拜禮。監督僚友金某大怒。謂各生適異忘本，目無師長。固無論其學難期成材，卽成亦不能爲中國用。具奏請將留學生裁撤。容閎力爭無效。卒於光緒七年，一律撤回。此爲中國政府第一次派赴美國留學生之經過也。後人對於此次留學生之成績，毀譽不一。大抵毀之者多，譽之者少。要其成績無多之故，則學生年齡太輕，未國情形不熟，國學全無，在外國亦僅在高等學校修業，並未得進大學，學有專長也。其中有數人以後成專家者，蓋於調回後第二次自費往美，畢其所業也。又約有十人終身留美不歸，人人皆有一西婦。無怪監督吳子登謂其卽學成，亦不能爲中國用也。然政界上以後多一批翻譯官，辦洋務人員，未嘗不無功績可述也。

以後光緒二年（西一八七六），李鴻章派天津武弁七人，隨德人李勱協去德學習陸軍。以三年爲期。是爲赴歐留學之始。光緒三年二月，李鴻章奏准派遣福建船廠學生及藝徒三十名，赴英法兩國學習海軍與製造。以法人日意格爲洋監督，道員李鳳苞爲華監督，馬建忠爲隨員，陳季同爲文案，羅豐祿爲翻譯。此次學生成績，頗有可觀。有數人以後在軍界或在學界皆爲名人。如薩鎮冰爲海軍界之名宿，嚴復爲輸入西洋哲學之先導也。光緒七年，並由李等奏請續派船廠學生十名去英法學習。以後卽停止。光緒十六年四月，由總理衙門奏准出使英、俄、法、德、美五國大臣，每屆酌帶學生二名，共計十名。均以三年爲期。光緒二十一年，再奏派學生分赴俄、英、法、德各四名，共計十六名。惟所派學生均以襄贊使署公牘爲務，無暇求學，實不能謂爲留學生也。

甲午（西一八九四）戰後，中國自知國力遠遜日本。日本以前，步趨中國。明治維新以後，模仿西洋，一舉而爲強國，自有其長，可作中國之鏡鑑也。日本距中國近，費用較西洋爲輕。文字障礙，亦較西洋爲少。故往日留學者甚衆。官費之外，自費尤多。最盛之時，達萬餘人。日本固非西洋之國，但中國留學生所學者，皆日本人自西洋販來之西學。此間接輸入之歐化，較之直接自歐美輸入者爲尤要。一則留日人數衆多；二則文字相近，駕輕就熟故也。清末革命之演成，幾全爲留東學生之功績。今國中所用之新名辭，全自日本輸入。每年出版書籍，多自日文翻譯。三十年來，中國文體變遷，當導源於日本。大小工廠中技師，亦多留日畢業學生。法庭中判官，多爲歸自日本法政學生。中國每年所受精神上之刺激與興奮，悉來自日本。殷憂所以啓聖，彼所給吾人之刺激，或爲起死回生之針灸也。考中國派遣學生去日留學，始於光緒二十二年（明治二十九年）。當時公使祐庚氏經日本政府以學生十三人依囑高等師範學校校長嘉納氏。嘉納使同校教授本田增次郎氏當其事，更又聘教師數人，開始日語日文及普通學科之教授。此等留學生中或罹疾患，或因事故，致不得已而半途回國者，往往有之。有六名皆以良績卒三年之業。公使李盛鐸續送數名。鄂督張之洞，亦相繼咨送。於是嘉納氏以三矢重松氏充教育主任。此等學生亦以良成績卒其課程，進修專門之學。光緒二十七年（明治三十四年）北京警務學堂亦簡派警察學生數十人，以託其教育。光緒二十四年，始由政府令各省選派學生，留學日本。倡此議者，爲日本駐京公使矢野文雄，首先讚成此議者，爲御史楊深秀。中國學生到東後，不通語言文字。日人高楠順次郎於明治三十一年六月（光緒二十四年），首創日華學堂，專爲中國學生補習語言文字及各種學科，肄業期限約一年。再進帝國大學或專門學校。自此以後，各省均派遣學生赴日。私費前往者更多。拳匪亂後，變法之要求益切。一切新政，均須人辦理。各省競派。自光緒二十七年至三十二年五六年間，留日學生達萬餘人。爲任何時期與任何留學國所未有。各科學生中，尤以日本士官學校畢業者影響於中國近二十餘年之歷史爲鉅。辛亥革命，推翻清室，造成共和，士官學校畢業生率領新軍響應之功，當推爲首。而二十年來分崩割據，日事鬩牆，置國事於不顧，使生民塗炭，如水益深，如火益熱，求生不能，求死不得者，亦士官學校畢業武人之賜也。

光緒三十四年（西一九〇八年）五月二十五日（陽曆）美國國會通過以一部分之拳匪亂事賠款，退還中國之議案。咨請大總統酌定以何時與何種情形交還中國。是年十二月二十八日，美大總統令，除扣去實應賠償之款外，均行退還。遂由美國財政部詳核決定中國實應賠償之數，爲一千三百六十五萬五千四百九十二金元，另保留二百萬金元，爲或有未經查出應償之款之用。此外悉數退還。其保留之二百萬金元，續經查明，應扣付八十三萬八千一百四十金元。其餘均仍交還中國。美國既退還後，中國外務部即與駐京美使商定派遣遊美學生辦法。初四年，每年遣派學生約一百名赴美遊學。自第五年起，每年至少續派五十名。在北京西郊清華園地方設立清華遊美預備學校。約容學生三百名。延美國高等初級各科教習。所有辦法，均照美國學堂。以便學生熟悉課程，到美入學，可無扞格。清華學校成立於一九一一年（宣統三年）而美國退還庚款，則始於一千九百零九年。故在清華未成立及未有畢業生以前，於一千九百零九年八月，一千九百一十年，一千九百十一年七月，舉行招考試驗。所考之科目，皆准當時中學畢業入大學所需之程度。此三年考取之人數，計第一年四十七人，第二年七十八人，第三年六十二人。以後繼續派迄該校學生至一千九百二十四年已達六百八十九人。清華成立以後，赴美官費生日多，因爲人多之故回國後在社會上勢力頗大。私費生往美者亦大增。今日中國學生留學外國者，以日本最多，美國次之。在歐洲者，以法國最多，德國次之，英國又次之。但較日美二國，皆遠遜也。各國皆有其特長，而亦各有其弊。日本密邇中國，文字風俗相近。留日學生可以時常回國，故熟悉本國情形，不忘本國文字。日本人能耐苦，飲食起居皆極儉樸，甚有較中國中等社會尤儉者。中國學生久留日本歸者，物質之慾望不奢。回國作事，無扞格隔膜之弊。中日兩國比鄰，衝突時有。在日留學者，無日不受日人之輕視刺激。故學生時代愛國心較歐美留學者爲切。因之言論舉動，亦較爲激烈。清末革命，不惜以生命爲犧牲，前仆後繼，視死如歸，此留學日本之利，非他國所能及也。然中日兩國既相爲鄰。而日人對於中國之事，纖悉皆知，處心積慮，破壞中國國家組織，以便從中漁利。清季煽動中國學生，排斥滿人，推翻清室。甚至有投入中國革命軍協助革命者。彼其人果眞欲吾人革命成功耶？抑將別以求其所大欲耶？日人評論中國文明人物，皆別具心腸。使中國無自信之力。而中國人不察，反以爲眞確無誤，亦自攻其祖。入民國後，忽而唆使袁世凱爲皇帝，忽而協助蔡鍔以抗袁，忽而挑撥南北感情，忽而助奉軍入關，忽而出兵攔阻北伐，實皆彼多年陰謀計劃，至此實現。中國上下皆墮其術中而不知悟。此則其弊也。美國物質文明發達爲世界最。各種機械學，可稱無匹。其國富厚亦稱爲首。美國大學課程表，學校多已爲學生編配妥當。不似歐洲之選擇自由，反使中國學生之初入學者，茫無頭緒。歐洲學校有所謂「讀書自由」，而美國大學則主嚴格訓練。美國學校畢業以後。出世應用之學皆已完備。今國中各機關內，多半爲美國學校出身者，他國所不及也。但美國富厚既冠於世界，而奢侈之風，亦爲他國所不及。衣食行住，窮極奢華。中國學生久居美國者，習於美國人之生活。驟然回國，見本國各事簡陋，輒生鄙棄。小事不屑爲，大事不能得。慾望不遂，而生憤恨。愛國之心，職任觀念，隨之削減。甚至詆本國爲半開化者有之矣。美爲民主政治國家。民主政治（德模克拉西）誠爲理想之良好政治。但中國人天生爲中國人，非可一朝一夕化爲美國人也。自美國或英國輸入民主政治於中國，完全不適中國民情，釀成今日之大亂，是則其弊也。

（參考韓霖張賡聖教信證；郭連城西遊筆略；洪勳遊歷聞見錄；容閎西學東漸記；舒新城近代中國留學史。）

第二章　有形歐化卽歐洲物質文明之輸入

第一節　軍器事業

鑄礮改良　各種有形歐化中最早受歐洲人影響者，實爲鑄礮術。據續通考所載中國最初用火藥及礮，爲金哀宗天興二年（西一二三二年）。金主奔歸德，金將官努嘗以火槍破敵，其制以赭黃紙十六重爲筒長二尺。實以柳灰、鐵汁、磁末、硫磺、砒硝之屬，以繩繫鎗端，軍士各懸小鐵罐藏火，臨陣燒之，焰出鎗前丈餘，藥盡而筒不盡。元兵不能支，大潰。此卽世界上最初用火品之戰爭也。以後元人探知之，亦用以攻金哀宗於蔡州。史弼高興征爪哇時，嘗遺留數礮於其地。其造法不傳。後亦罕用。明史謂其得自西域者誤也。古所謂礮，皆以機發石而已。明成祖平交阯，得神機鎗礮法。特置神機營肄習。製用生熟赤銅相間，建鐵柔爲最，西鐵次之。大小不等。大者發用車，次及小者用架用樁用托。大利於守，小利於戰。隨宜而用，爲行軍要器。永樂十年以後，北方沿邊要塞各山頂，皆置五礮架以禦敵。然利器不可示人。朝廷亦慎惜之。宣德五年，敕宣府總兵官譚廣，神銃國家所重。在邊墩堡量給以壯軍威。勿輕給。正統六年，邊將黄眞、楊洪立神銃局於宣府獨石。帝以火器外造，恐傳習漏泄，敕止之。景泰時，應州民師翺製銃有機，頃刻三發，及三百步外。天順八年，延綏參將房能破賊麓川，用九龍筒，一線燃則九箭齊發。請頒式各邊。西洋人未抵中國前，中國鑄礮銃術之發達史約略如上。西洋人用火藥礮銃於戰爭，最早爲一千三百四十六年（元順帝至正六年）英法兩國克萊西（Cricy）之戰爭。考據家謂其術傳自東方中國。西洋人得其術，雖遲而鑄造發達改良，則較中國爲速。中國人得一法，死守不變。政府重文人，輕百工。社會亦以爲尙。對於發明人絕無奬勵鼓舞之事。故發明人死後，其術卽絕。他人無從爲之改良。葡萄牙人、西班牙人抵印度洋沿岸及斐律賓羣島，其能戰勝各國，征服土人，全賴火器之功。據西史所載，南洋各國當時亦有礮。但射程遠遜歐人。馬雷人礮彈不能達歐人，而歐人自船上所發之礮，能破毁馬雷人之礮台。是以所至無敵。明末，中國礮銃之落後，亦不下馬雷人。不與歐人衝突則已，一有衝突，無不敗衄。明人亦知其然。正德時，葡船至廣東白沙巡檢何儒得其制，以銅爲之。長五六尺，大者重千餘斤，小者百五十斤。巨腹長頸。腹有修孔。以子銃五枚，貯藥置腹中。發及百餘丈。所擊輒糜碎。嘉靖八年（西一五二九年）始從右都御史汪鋐言造法郎機礮。謂之大將軍。發諸邊鎮。其後荷蘭人至，其礮更大。曰紅夷。長二丈餘，重者至三千斤。能洞裂石城，聲震數十里。萬曆二十年日本關白豐臣秀吉寇朝鮮。明兵禦之，得力於礮銃者不少。滿洲兵起，礮銃亦多所利用。清太祖奴兒哈赤卽在甯遠城下，爲袁崇煥自葡國輸入之巨礮所擊傷而致死也。時葡人在澳門立鑄礮廠一所，可造各種鋼鐵礮。天啟二年明廷遣使至澳門。命耶穌會士羅如望（Joannes de Rocha），陽瑪諾（Emmanuel Diaz），龍華民（N. Longobardi），等製造銃礮。次年召用艾儒略（Julius Aleni），畢方濟（G. Sambiaso）等。於是至者，不僅教士，卽凡在澳門之外人俱隨之而來。或製造武器，或馳驅疆場。崇禎十二年畢方濟上疏，有云：「臣蒿目時艱，思所以恢復封疆而裨益國家者。一曰明曆法以昭大統。二曰辨礦脈以裕軍需。三曰通西商以官海利。四曰購西銃以資戰守。蓋造化之利，發現於礦。第不知脈苗之所在，則妄鑿一日，卽虛一日之費。西國格物窮理之書，凡天文、地理、農政、水法、火攻等器，無不具載。其論五金之礦脈，徵兆多端。宜往澳門聘招精於礦路之儒，繙譯中文，循脈而細察之，庶能左右逢源。廣東之澳門商人，設店貿易。納稅已經百年。偶因牙儈之爭端，遂阻進省之貿易。宜照舊令其進省，以充國用。西銃之所以可用者，因其鋼鐵皆經百鍊，純粹無滓，故爲精工也。天啓元年，邊疆不靖，從兵部奏請，准購用西銃，募用西兵，以此臣鞏陸若漢(Johannes Rodriquez)等二十四人進銃四尊，緩急擊敵，屢著奇功。更乞敕從澳門，聘招熟於製銃之西士數人，使授以製藥點放之術，摧鋒破敵之奇，併使精於推曆之西士數人，襄助曆局之事務。』云。此疏即上，明廷因東北患急，遂傾信其言。然明廷政治腐敗，人心瓦解，雖有利器，不足以救亡，反以資敵也。清室入主中國，教士又助清室鑄造銃礮。康熙十二年，吳三桂叛，比國教士南懷仁 (F. Verbiest) 於二三年間，共鑄大小鐵礮百二十門，分配於陝西、湖廣、江西等省。二十年，更鑄輕便歐式之神武礮三百二十門。在盧溝橋試放，帝親蒞閱，大加賞賜。又編神武圖說一書，中分理論二十六圖，解四十四說，明銃礮之詳細，而進呈於帝。遂賜以工部右侍郎之職銜。西洋銃礮之銳利，有明末清初之試驗，中國人似宜深知之，而自已學習鑄造，或更改良，精益求精，殊可青勝於藍矣。乃事有大謬不然者，以前所得之經驗，不久即忘於九天之外。中國大部軍隊所用之軍器，仍不外弓矢刀矛諸物。直至清末，中日戰爭時，西國鎗礮，尚未盡能驅弓矢刀矛而代之也。「百工小技」之錯誤觀念，深中於人心，雖至今猶然也。道光時，鴉片戰爭中國軍隊銃礮不如人，亦爲失敗一大原因。咸豐間洪楊盤據江浙，李鴻章利用外洋輸入火器攻下蘇常。於是曾國藩等於一千八百六十五年（同治四年）在上海立江南製造廠，製造鎗礮，並附設兵工學校培養兵工人才，翻譯西國科學書籍，灌輸外國智識。與江南製造局同時設立者，又有南京機器局，董其事者爲英國人馬戛爾特尼（Macartney）。一千八百六十六年（同治五年）福州兵工廠成立，主其事者爲法國人基克爾（M. Giquel）。以後廣州、成都、杭州、漢陽、德州、西安、濟南、迪化、雲南各地，皆有兵工廠，然皆規模狹小，每日製造數萬粒子彈數十支鎗而已。入民國後，又有鞏縣、太原、奉天三兵工廠，規模略大。然較之歐美，不過小巫比大巫耳。各兵工廠所用原料，亦皆來自外國。本國不能自給也。歐美最近之軍器，幾於無人過問。國家自強，最要之兵工製造廠，忽略乃至如此，希望不爲強鄰所蹂躪，豈可得哉？

（參觀明史；續文獻通考；稻葉君山清朝全史；Couling Encyclopaedia Sinica.）

第二節　學術事業

曆法改良　曆爲中國自古要政。堯時特命羲和主治曆象。定一歲爲三百有六旬有六日。以閏月定四時。自是以後歷代以奉正朔爲天下臣服之表示。國中農桑庶務皆依曆得成。於是製定曆法，爲最要之政。而中國古人以儀器及測量算計之不精由上古迄明末中間四千年曆法迄未能製得精密長久不變。每閱百餘年，則節候乖戾，交食不驗，必須修改。元時西域嘛塔把曆法輸入中國。故在燕京，同時有中國欽天監，及回回欽天監。其法較中國爲密。同時中國天文家郭守敬修訂前法，亦最精密。明太祖時作大統曆，亦參用回回法。至明末復多疏舛，日食有謬，回回曆算法，仍有不精之點也。

曆者記一年之中時光節候之次序，長短，詳細分劃。俾各種天象，如日蝕，月蝕，或夏至，冬至，皆能於預定時日，測知之也。若不能預知，或測定而不驗，則失曆之功用，其曆必有錯誤而須修改也。曆所依據之時候，根本有三種：一爲日，二爲月，三爲年。日者，地球於若干時內自轉一週，此爲最短之時候。太陽出，則人與禽獸皆醒而動作。日入，則就寢休息。一日之長短有定。雖最精之天文儀器，未能測得有何變化也。因其固定，故天文家取之以爲單位。月者，最初本爲太陰繞地球一週，所需之時候。年者地球繞太陽一週所需之時候也設使一月所含之天數，爲一整數而一年所含之月數，亦爲一整數，則曆自易定。不需歷代名家勞神費力測驗計算修改而復修改至今尚未能一決而永遠不變歷代史亦可不必有天文志矣。但太陰繞地球，與地球繞太陽，其時間關係，並無一定整數之比例。故從古至今各國各民族，皆有無數名人用盡心思求一方法，以除去此困難也上古草昧之世，温寒兩帶居人所最先感覺者，卽四季氣候變遷之有一定時日也。但用氣候變遷以確定一年之長短，最不易爲，且不能確。故古人不能不求助於天文觀察與測驗。最簡之天文觀察，卽四季氣候變遷，與太陽在天空所經之方位角度有關係。卽在天空萬千星中太陽每年自繞其軌道（黃道）一週周而復始也。第二觀察，卽每季當日出或日落時，各有一定星辰，出於天空。因之發生兩種方法，以量一年之長短：一爲測定太陽經過赤道之時間，卽此次春分或秋分距下次春分，或秋分之時間（或用兩次夏至兩次冬至之時間亦可）；二爲測定某星辰再現一定方位之時間。第一法測定者爲赤道年（Equinoctial year）第二法測定者爲星年（Sidereal year）。二者所得，略有不同。赤道年爲三百六十五日五時四十八分四十六秒。星年爲三百六十五日六時九分九秒，均數約爲三百六十五日零四分之一（$365\frac{1}{4}$ days）。此卽地球繞太陽一週所需之時候，又曰太陽年（Solar year）者也。太陰繞地球一週，卽兩次新月中間時候，確數爲二九・五三○五八天數，約爲二十九日半（$29\frac{1}{2}$ days），亦曰太陰月（lunar-month）。此數之最近整數爲三十。新月發現十二次，所需時候約爲三百六十日。較之地球繞太陽所需時日，僅缺五天半耳。故自古以來，各國各民族，皆以十二月爲一年也。所欠缺之數，各國各民族用各種方法補足之。有設法更換一月之長短者。又有變更一年之長短者。亦有將所缺乏天數加在年終者。所難者，日、月、年、三種時候之眞確長短，無一共同之除數，可使日數化成月數，或年數，或由月數再成年數，無餘數也。舍餘數不計，一年之間，固無多大錯誤。但若積之數十年或百餘年，則所差之數甚多。節候自然乖戾，交食自然不驗矣。各民族多取一長週期，數年或十餘年，使其日月二數之比例，成一整數。置若干大月與小月以調劑之。古代希臘人取二百三十五月爲一週數。此中有一百二十五月爲大月。每大月有三十日。一百十月爲小月。每小月有二十九日。依此推算，二百三十五月，共有六千九百四十日數。二百三十五次新月所需眞確時間爲 $235\times29\cdot53058=6939\cdot688$ 天數。此一週期之日數，較之所眞需者約少三分之一日。積七十年則少一全日。回回教徒取三百六十月爲一週期。此中有大月一百九十一，小月一百六十九。大月小月輪流配置，第一月三十日，第十二月二十九日。一週期之日數共一萬六百三十一。三百六十次新月所需日數爲 10631·0116。所差之數，積八十七週期或二千六百十年始缺一全日。至期將第十二月加一日成爲三十日。回回人之發明，較之希臘人優多矣。古代中國人所用者爲太陽太陰合曆 (Luni-Solar Year) 以天體周圍爲三百六十五度四分度之一。繞地左旋，常一日一周而過一度。日麗天而少遲，故日行一日亦繞地一周，而在天爲不及一度。積三百六十五日九百四十分日之二百三十五而與天會，是一歲日行之數也。月麗天而尤遲，一日常不及天十三度十九分度之七。積二十九日九百四十分日之四百九十九而與日會。十二會得全日三百四十八，餘分之積又五千九百八十八，如日法九百四十而一得六。不盡三百四十八。通計得日三百五十四又九百四十分日之三百四十八，是一歲月行之數也。歲有十二月，月有三十日。三百六十者，一歲之常數也。故日與天會而多五日九百四十分日之二百三十五者爲氣盈。月與日會而少五日九百四十分日之五百九十二者爲朔虛。合氣盈朔虛，而閏生焉。十有九歲七閏。則氣朔分齊。是爲一章。羅馬之儒略曆全以太陽作準。每四年爲一週。三年有三百六十五日第四年有三百六十六日。堯典所謂朞三百有六旬有六日者卽此也。耶穌降生前四百三十三年（周考王八年）希臘人梅通(Meton)發明六千九百四十日爲一週期，可以分作二百三十五太陰月(Lunar Month)，同時又可分作十九太陽年(Solar year)。此二百三十五太陰月中，一百二十五爲大月月三十日。一百十月爲小月月二十九日。總共凡六千九百四十日。其與太陽年之比較，可於下表見之。

	日數	小時	分
235 次新月需時	6939	16	31
19 儒略年需時	6939	18	0
19 眞正太陽年需時	6939	14	27

由此表觀之，6940日之週期，較之確數略長數小時。二百三十五次新月所需時候，較之儒略曆十九年，每年三百六十五日零四分之一者略少。較之眞正太陽年則略大。再次則將二百三十五太陰月分作十九年。其中有十二短年。每年有十二月。七長年，每年有十三月。其有十三月之長

年，大概爲第三，第五，第八，第十一，第十三，第十六，及第十九等年。其第一，第二，第四，第六等年則皆短年也。大月小月輪流配置。惟每閱二三年須將小月減一而換以大月，俾於一週期內有大月一百二十五，小月一百十也。梅通所發明之週期六千九百四十日較之二百三十五太陰月或十九太陽年，皆略長數小時。後又有喀里勃斯（Callypus）者略加修改，以求更密。乃於每四週期後，刪去一日。四週期合二萬七千七百五十九日。分爲九百四十月，七十六年。此即儒略年（Julian Year）也。七十六年後新月發現，始有六小時之錯誤。喀氏若自第三週期某年某月，刪去一日，則更近確情矣。

利瑪竇居北京時，深知曆法與中國政治之重要關係。致書歐洲耶穌會，請派一最良天文家來中國，俾以後助中國政府修改曆法。耶穌會乃遣熊三拔（Sabbathino de Ursis）東來。在一千六百零六年（萬曆三十四年）抵北京。西洋各國適於一千五百八十二年（萬曆十年）時，廢古代儒略舊曆（Julian calendar），而採用格里高雷（Gregory XIII）新曆。新曆較舊曆提早十日。依舊曆每世紀之末一年，如耶穌降生後一千六百年，一千七百年等皆爲閏年，但依新曆僅世紀之次數用四可除淨者，得爲閏年。例如一千六百年爲閏年，而一千七百年，一千八百年，一千九百年，皆不得爲閏年。歐洲南部奉天主教諸國，皆卽採用新曆。北部新教國家，則良久始漸漸用之。以前歐洲人，新年不必起始於一月一號。儒略曆行用幾達一千六百年之久。其間各地政府，或教會主教，對於新年元旦日，竟無一定日期。最普通之元旦爲三月一號，及三月二十二號。後一日期乃春分日也。但後此不久，採用一月一號者日漸其多。至一千七百五十二年（乾隆十七年）英國亦採用新曆。一月一號爲新年元旦日，始普遍世界矣。俄羅斯人拒用新曆最久，直至大革命後，始廢舊曆而與西歐一致矣。明末歐洲天文家經多年之討論與訓練，其計曆之法，始確較中國爲優。萬曆三十九年（西一六一一年），欽天監回回曆官誤測日食，明廷乃下詔，以西洋人管理欽天監修改曆法。有清一代所行之曆，卽參酌歐西之法而成者也。自此以後，欽天監修曆爲耶穌會傳教師之大本營。上可交接中國政府官吏君主，下可爲傳教師之總機關。萬曆四十四年（西一六一六年）至崇禎二年（西一六一九年），因各種理由，明廷復不用耶穌會士。但崇禎二年（西一六二九年）後，直至清康熙三年（西一六六四年）欽天監復歸耶穌會士掌理。鄧玉函（Terrentius），湯若望（Schall）皆此時期中之著名欽天監正也。明史卷三二六意大里亞傳記『崇禎時曆法益疏舛，禮部尚書徐光啓請令其徒羅雅谷、湯若望等以其國新法相參較。開局纂修，報可，久之書成，即以崇禎元年戊辰爲曆元，名之曰崇禎曆書。雖未頒行，其法視大統曆爲密。識者有取焉。』入清，湯若望仍得淸順治帝之信任，爲監副。康熙三年至八年因中國官憲排擠之故，耶穌會人出欽天監，但八年時康熙帝使比國耶穌會士南懷仁（Verbiest）與中國人楊光先、吳明烜同測驗日影，以試中西法之優劣。南懷仁得勝。於是淸帝復其位。欽天監復歸耶穌會士。直至道光十八年（西一八三八年），始廢西洋闕。入民國則更廢陰曆，而逕行用格里高雷曆矣。

（參觀 Y. G. Hudson, Europe and China; K. S. Latourette, History of Christian Missions in China; Simon Newcomb's Astronomy; 書經堯典蔡注；元史天文志歷志；明史歷志。）

本國地圖之測繪　中國有輿圖甚早。周禮大司馬，掌圖之官，有司險與職方氏。司險掌九州之圖，以周知其山林川澤之阻，而達其道路。設國之五溝五涂而樹之林，以爲阻固，皆有守禁而達其道路。國有故則藩塞阻路而止行者。以其屬守之職方氏掌天下之圖，以掌天下之地。辨其邦國、都鄙、四夷、八蠻、七閩、九貉、五戎、六狄之人民，與其財用、九穀、六畜之數要，周知其利害。古人對於輿圖慎重可知。漢高入咸陽，蕭何先入收秦丞相御史律令圖書藏之、漢高因以具知天下阨塞戶口多少強弱之處。輿圖之要可知。以後曆朝皆有圖志。而流傳至今者甚少。今代所留最古之圖，有僞齊阜昌時所刻禹跡圖在濟南。蘇州文廟所存石刻南宋淳祐地理圖。海國圖志轉錄明永樂大典之元代西北三藩圖，明萬曆時九邊圖。此外又有元明時代所留志書附圖。所有以前中國舊圖，皆未經準確測量，繪製粗劣，尺寸比例，漫無比較。故各圖皆不精確，不過略示其大概而已。清康熙帝廿八年，尼布楚締約以後，教士張誠（Gerbillon）以亞洲地圖進帝，說明滿洲地理知識之缺乏。以後數次征撫蒙古，遊歷滿洲，及巡幸江南，皆命張誠隨行，隨地測定緯度。是時帝已有測量全國之計劃。至四十七年（西一七〇八年）四月十六日，乃明令測圖實行工作。由白進（Bouvet），雷孝思（Regis），杜德美（Tuatoux）諸神父先從長城測起。閱二月，白進病，其餘二人繼續工作。至一千七百零九年一月十日，返北京。繪成一圖。凡長城之各門各堡以及其附近之城寨河谷水流均行繪入北直隸之測量於一千七百零七年十二月十日開始，至一千七百零八年六月二十九日完工。一千七百零九年（康熙四十八年）五月十八日雷孝思、杜德美、費隱（Fridelli）諸人開始測量滿洲。先從遼東入手，東南至朝鮮邊境圖們江，東北至花松江之魚皮韃子區域。一千七百十年七月二十二日進至黑龍江省。十二月十四日圖成。一千七百十一年（康熙五十年）添人工作分爲二隊。雷孝思、加爾特（Cardols）二人往山東。杜德美、費隱、潘如（Bonjour），湯尙賢(de Tarte)四人出長城至哈密，測定喀爾喀蒙古之地，歸由陝西、山西而返。一千七百十二年（康熙五十一年）回北京，又命加而特、湯尙賢(de Tarte)同往山陝（時甘肅未分省）二省。圖成，湯尙賢講解於帝。帝大悅。雷孝思、馮秉正（de Mailla），及德瑪諾（Kenderer）三人測繪河南、江南、浙江、福建。湯尙賢、加爾特二人合測江西、廣東、及廣西。費隱、潘如測繪四川、雲南。潘如因勞死於雲南。一千七百十四年（康熙五十三年）十二月費隱亦病，乃於一千七百十五年三月二十四日又派雷孝思赴滇，同測雲南、貴州及湖廣之圖。一千七百十七年（康熙五十六年）一月一日全功告成。返京，白進彙成總圖一張，各省分圖一張。康熙五十七年進呈。於是關內十五省，及關外滿蒙各地皆經測量成圖。爲中國自古未有之大功。自康熙四十七年始功，至五十五年竣事。五十七年而全圖繪畢。帝名之曰皇輿全覽圖。迄今爲中國各種地圖之最要根據。同治二年，武昌府刊印之皇朝中外一統輿圖及現今坊間所售之各種圖皆不能出乎此圖之上也。當時所用測量方法爲三角網法。中國人以前所未知也。

（參考稻葉君山清朝全史；翁文灝清初測繪地圖考，（見地學雜誌十九年三期）Couling Encyclopaedia Sinica.）

西國醫學之傳入　中國醫藥之學，發明甚古。古代名醫，史不絕書。醫藥書籍，汗牛充棟。然好泥古不變，進步遲緩。解剖學知識尤爲缺乏。傳布機關全無。海內良醫有發明新療養法，新丹方者，大抵嚴守祕密，傳子傳孫，不傳他人。失醫爲仁術之意矣。古代西國醫學，較之中國，孰優孰劣，誠不易言。但十九世紀以來，各種麻醉藥，殺菌藥之發明，愛格斯（X）光線及雷錠（Radium）之施用，使病人痛苦減輕，傳染病可以預防，體內疾病可以手術割去。醫療種種進步，騰飛直上，一日千里。中醫與之相較，眞不啻牛車騾車與汽車飛機之比矣。醫術可以減輕病人痛苦，得人歡心，除祛隔閡，教士似深知之。古代景教徒在阿拉伯帝國之得以興旺者，擅長岐黃術，亦其一因也。醫院藥房，醫治身體之外，尚可醫治靈魂也。明末清初，天主教耶穌會士曾否努力輸入西洋醫學，無記載可考。路德新教徒入中國後，西洋醫術始傳入中國。最早者為種痘法。有謂為西班牙人於一千八百零三年（清嘉慶八年）傳入中國者。據確實記載，則英國東印度公司醫官皮爾孫（Alexander Pearson）於一千八百零五年（嘉慶十年）傳種痘法於中國。皮爾孫在廣州行醫，曾著一小書，說明種痘法。斯當頓（George Staunton）代為譯成華文。氏又傳授其法於中國生徒，最要者為海官（Hequa）。海官以後成為名醫，三十年間為人種痘，達一百萬口。海官傳此法於其子，在他處設立醫院，專為人種痘。一千八百二十年時（嘉慶二十五年），東印度公司外科醫生立溫斯敦（Livingstone）與瑪禮孫在澳門立一小醫院，醫治貧苦中國人。有中國生徒襄助其事。一千八百二十七年（道光七年）東印度公司醫生郭雷樞（T. R. Colledge）在澳門立一眼科醫院。翌年又立一養病院，可容四十人。五年間入院受醫者達四千餘人。捐款維持者，東印度公司職員外，中國大行商人亦皆踴躍輸將。此為第一西國醫院立於中國境內也。再次年，郭雷樞在廣州又立一小醫院，中外人皆可受治。延白拉福（J. A. Bradford）及柯克司（Cox）兩醫士襄理其事。郭雷樞著一論文題曰任用醫士在中國傳教商榷書(Suggestions with Regard to Employing Medical Practitioners as Missionaries to China)此文在美國頗引起一般人之注意。一千八百三十四年時(道光十四年)美國人派克(Peter Parker)先在新加坡立一醫院，專醫中國僑民，翌年移醫院於廣州，專理眼科。一千八百三十八年(道光十八年)與美國公理會士裨治文(Rev E. C. Bridgman)及郭雷樞共組廣州醫科傳教會(Canton Medical Missionary Society)派克於一千八百四十四年(道光二十四年)充美國使館參贊代理公使，後爲正式全權公使。一千八百五十七年(咸豐七年)離中國回美國。一千八百七十九年(同治八年)在美國充駐華醫科傳教會會長。一千八百八十八年(光緒十四年)卒於美國。氏爲在中國教士兼醫生之第一人。次於氏者爲英國人羅克哈武(William Lockhart)一千八百三十八年(道光十八年)抵廣州，翌年充派克在澳門所立之醫院院長。一千八百四十三年(道光二十三年)抵上海，立英租界山東路之醫院。一千八百六十一年(咸豐十一年)在北京立一醫院，卽以後協和醫院之基礎也。一千八百三十九年(道光十九年)英國人霍布孫(Benjamin Ilobson)抵廣州，充澳門醫院院長。後往香港，充倫敦傳教會醫院院長。一千八百五十七年（咸豐七年）抵上海，充山東路醫院院長。自是以後，醫生兼教士來華者日多。各地西式醫院，亦逐漸設立。初立時多遭愚民反對，甚有謂外國人挖取小孩心眼以製藥者。久之漸得中國人民信仰。外國醫術優於中國舊有，逐漸證明。外國醫院組織完美，尤優於中國之無組織者多矣。外國醫術在中國減輕人民痛苦，救免夭亡。同時中國人反對基督教之偏見亦漸消除。當初醫科傳教會設立之目的，亦可謂遠矣。各醫院之功績，不獨爲人治愈疾病，減小死亡率，而訓練甚多中國助手，翻譯西國醫學書籍爲漢文，傳布西國醫學知識於中國，其功亦不小也。今全國教會設立之醫院，數目與物質兩方，皆較中國自己公私設立者，多而且備。各省著名之教會醫院，有如汕頭英國長老會之醫院，奉天蘇格蘭聯合自由會之醫院，杭州大英醫院、漢口英國醫院、上海倫敦傳教會醫院、美國聖公會醫院、濟南齊魯醫院、淮陰仁濟醫院、北京協和醫院等，皆資本雄厚，規模極大，馳名全國。每年活人無數。使中國醫學日漸歐化。現在雖尚有人持西醫不如中醫，或西醫長於外科，短於內科諸說。但日久以後，西醫自必戰勝中醫也。教會醫院林立於中國內地，對於傳布西國醫學知識，固為有益，但亦有害。彼人資本雄厚，名譽久著，使中國學西醫者，初入世懸壺，不能與之競爭。社會尊視外國醫生心理太過，本國之西醫，無人問津，不得不改操他業者有之矣。西人存心競爭，不使中國人能操此高尚職業歟？抑中國之習西醫者無恆心，無毅力，陞官發財之念熾於安分守職之心，宜力社會財產徐集，不若作官一日不勞而獲，腰纏萬金，騎鶴升天之為樂歟？

（參觀 K. S. Latourette, A History of Christian Missions in China; Couling Encyclopaedia Sinica.）

第三節　財政事業

海關之設立　吾國海上與南洋及印度洋西岸諸國來往通商，兩漢時代已然矣。是後歷吳、晉、宋、齊、梁、陳、隋各朝，交通未嘗斷絕。然設關收稅，則唐代始有。天下郡國利病書卷百三十云：『唐始置市舶使，以嶺南帥臣監領之。設市區，令蠻夷來貢者為市，稍收利入官。……貞觀十七年（西六四三年）詔三路市舶司，番商販到龍腦、沈香、丁香、白豆蔻四色，並抽解一分。』市舶司即今之海關也。宋襲唐制，對海外通商，更為注意。太宗雍熙四年，遣內侍八人齎敕書金帛，分四綱，各往海南諸蕃國，勾招進奉。南宋初年，版圖縮小，經費困乏，一切倚辦海舶。高宗嘗言：『市舶之利最厚，若措置合宜，所得動以百萬計。豈不勝取之於民。朕所以留意於此，庶幾可以寬民力爾。」又諭「市舶之利，頗助國用。宜循舊法，以招徠遠人阜通貨賄。」宋代通商口岸有廣州、泉州、明州、秀州、密州板橋（今膠州）。較之唐代略增北方遼國邊界，鎮、易、雄、霸、滄等州，各設榷貨務，以掌兩國交易。元亦有市舶司之設，細貨十分取一，粗者十五分取一。商埠爲泉州、上海、澉浦、溫州、廣東、杭州、慶元，凡七處。明初市舶司僅設於太倉黃渡，尋罷。復設於寧波、泉州、廣州三地。明末，增設澳門爲葡萄牙、西班牙等西洋各國通商之地。唐宋元明時代，政府雖在各埠立有抽稅定章，但管理人多不照章而行，另加種種苛捐，使外商不能忍受，致暴動者有之矣。清初，鄭成功擾亂沿海，故海禁甚嚴，不許商船出海。康熙二十三年（西一六八四年）海外平定，臺澎設兵，乃開各省海禁。以荷蘭助討鄭氏有功，首許互市。設粵海關於廣州之澳門，閩海關於福建之漳州，浙海關於浙江之寧波，江海關於江南之雲台山（在鎮江西門外）。署使蒞之，各徵其稅。二十八年，議定江浙閩廣四省海關徵稅之例。每關各差一員管理稅務。此海關之名所由來也。顧雖有徵稅章程，而吏治腐敗，誅求無厭，貪婪橫暴，無所不至。正稅以外，有所謂規費、支銷，或歸公，充餉名目。而司事巡役人等，又有規禮、火足、開倉、驗倉、放倉、押船、貼寫、小包之名目，以資中飽。商民極爲困難。乾隆五十八年（西一七九三）英國特遣使臣馬戛爾尼（Macartney）至北京與中國政府磋商訂一規定稅則。不得要領。嘉慶二十一年，英國又遣阿美斯德（Amherst）來北京。復失敗。時英國商業最盛，損失最多。兩次遣使皆無結果因之與中國感情乖離，趨於極點。至道光二十年（西一八四〇）乃激成鴉片之戰。二十二年江寧條約開廣東、廈門、福州、寧波、上海五口通商。賠款二千一百萬兩以海關稅充擔保。因此英國得派貿易監督官及領事館員於各口岸，以監視我國對於其國商人所徵之出入貨稅，及其他諸稅鈔之適當與否。自唐以來我國自由設關徵稅之制，至是破壞盡矣。因此我國政府對於各關稅率，乃負一種公平課稅之義務。且從外人之希望，有另設新關之必要。於是改原有之海關爲常關。由新條約所發生者，稱曰新關。同時法美等國亦步英國之後塵，均於道光二十四年與我國結同等之條約。各派領事駐各口岸，以保護本國商人。而內外商品之輸出輸入，皆由各國領事徵收稅餉，再由領事繳交於我國收稅官吏。此爲外國領事代理徵收關稅時代。然各國領事各袒其自國商人，任意減收貨稅，勢所不免。以致稅收，不能發達。咸豐元年（西一八五一），政府遂與各國交涉，得改領事代理徵稅制度爲國家直接徵稅制度。然我國官吏又苦無新關辦事之經驗，且多貪枉者流，營私舞弊，不顧大局，遂惹起外商之愁訴。各國駐京公使屢有煩言。遂建議欲救此弊，須立一徵收機關，保存中國主權，但同時須用西國方法與訓練。欲達此目的，非雇用西人不可。政府亦恐本國官吏不諳外貨價值，或難勝任，遂容其請。一千八百五十四年（咸豐四年）六月二十九日，英美法三國領事與上海道吳健彰會議，訂立新關制度八條。始於各通商口岸委用各國前所派之稅務監督官，爲稅務司，專司海關稅務，英美法三國領事各舉一稅務司（Inspector），權利同等。以上海海關稅務監督局從新改組，三稅務司，一爲英國人威妥瑪（Thomas Francis Wade），次爲美國人喀爾（Lewis Carr），三爲法國人斯密司（Arthur Smith）。三人同時各在其領事前宣誓云：『願以忠誠盡稅務司之職，恪遵吳道太及三國領事會議所定諸條款。求上帝助余。』各領事助中國政府尋覓相當人材，而主權與責任則掌之中國人手中也。一千八百五十五年，三人皆辭職。繼威妥瑪者爲李泰國（Horatio N. Lay），繼斯密司者爲愛丹（Edan），繼喀爾者爲費胥（Fish）。上海稅務如是管理者，直至一千八百五十八年（咸豐八年）。是年天津條約規定各口海關皆須雇用外國人爲稅務司。翌年，中國政府任命李泰國爲總稅務司(Inspector General of Customs)。一千八百六十一年(咸豐十一年)，立總稅務處於北京。一千八百六十三年(同治二年)十一月，李泰國因與中國政府意見相左，罷職。繼其位者爲赫德(Sir Robert Hart)。赫德充中國總稅務司之職四十五年。至一千九百零八年(光緒三十四年因病回英國，代之者爲白萊敦(R. E. Bredon)。一千九百十年白萊敦辭，代之者爲安格聯(F. A. Aglen)。一千九百十一年(宣統三年)九月，赫德死，而安乃實任赫德之名爲中國海關一大紀念。各種組織皆由彼成之。使中國海關，有近代歐洲式者，彼之功也。但中國海關稅多半不能自主。直至前數年，始修改條約，自由徵稅也。

(參觀拙作中西交通史料匯篇；顧炎武天下郡國利病書；黃序鵷海關通志；籌辦夷務始末；Couling, Encyclopaedia Sinica; H. B. Morse, The International Relations of the Chinese Empire.)

銀行　周禮泉府掌以市之徵布，斂市之不售，貨之滯於民用者，以其價買之，以待不時而買者。買者各從其故價。凡民之貸者，與其有司辨而授之，以國服爲之息。凡國之財用取具焉。歲終則會其出入而納其餘。泉府所司，與今之銀行職務已相同矣。後代斯業無若何發展。至於合資公司性質之銀行，則無有也。政府亦無一定章程，管理各銀行。西法本輸入之先，全國銀行皆爲山西之錢莊票號，專以存放匯劃爲業。略與今之商業銀行相近。其信用亦甚昭著。辛亥革命，全國金融大恐慌。山西票莊遭大打擊。加以其人不能順應潮流，改舊法而從泰西銀行新法，於是一蹶不振，至今日而幾於無人掛齒矣。咸同以後，戶部以軍需孔急，度支告匱，於京城內外，招商設立官銀錢號，由庫發給成本銀兩，並戶工兩局交庫卯錢，爲推行銀錢票之關鍵。光緒末年，直、奉、吉、黑、魯、豫、晉、蘇、贛、閩、浙、鄂、湘、秦、隴、川、粵、桂、熱河等處，先後設立官銀錢局。或爲兌換銅元之機關，或爲發行鈔票之樞紐。收存公款，稍含國家分銀行之性質。時變日急，西法日入。官私銀行，日漸增多，度支部，始有銀行則例之頒行。入民國，與時通變。銀行學人才日多。銀行法規，由粗簡而漸達精密。以掌理金庫，發行鈔票爲主。而並及其他之營業。於是有國家銀行之制，以輔助政府事業爲務。光緒三十年春，戶部奏請由部試辦銀行，以爲推行幣制之樞紐。詔可之。是年三月，奏定試辦銀行章程三十二條。是爲創設銀行之始。三十四年正月，度支部奏定大清銀行則例二十四條。略謂國家銀行，由國家飭令設立與以特權。凡通用國幣，發行紙幣，管理官款出入，擔任緊要公債，皆有應盡之義務。戶部銀行，卽爲中央銀行。現在戶部已改稱度支部。擬改銀行之名曰大清銀行。自是大清銀行遂認爲國家銀行矣。股本一千萬兩。分爲十萬股。總行設北京，其餘沿江沿海貿易繁盛之處，以及各省府廳州縣，皆設分行分號。關於發行紙幣經理國庫流通新幣等項規定尤詳。與各國國家銀行之章制略同。各地多設分行。但不久弊竇叢生。行員濫放款項，冀得年終紅利爲分肥之需。放出者多無着落，以致牽動各地金融，累及銀行信用。辛亥變起，大清銀行倒閉。民國初元，金融全權，操諸外人之手。財政部乃籌設中央銀行爲發行紙幣，統一國庫之樞紐。擬訂中國銀行則例三十條。二年四月，經參議院議決公布。採股份有限公司制度。但恐招股遷延成立時期，乃由政府認墊股本。並擬出三分之一以上，卽行開辦。一面招集商股，逐漸擴充。初定股本總額爲六千萬元。分爲六十萬股，每股銀元一百元。政府先行認墊三十萬股。餘數由人民認購。認購總額超過三十萬股時，得由政府察酌情形，將認墊股份分期宣布售與人民。中國銀行開辦以後，營業甚爲發達。全國之中合計總管理處，分行、分號、匯兌所、支所、兌換所共一百八十七處。每年淨利甚多。尤以民國初年爲巨。國家銀行以外，尚有特種銀行，如交通銀行、殖邊銀行、農商銀行、鹽業銀行、勸業銀行、蒙藏銀行、財政部平市官錢局等。民國以來，經政府特許發行兌換券，亦皆營業甚旺。通商大埠多有分行。此類銀行有半官性質，亦得管理金庫。第三類爲普通商業銀行，完全商股，不理金庫。其中有在清季即經政府核准發行鈔票者。如中國通商銀行、浙江興業銀行、四明商業銀行、北洋保商銀行是也。有在民國得發行鈔票權者，如中國實業銀行、中南銀行、大中銀行、山東銀行是也。第四類，爲地方銀行。爲各省政府所立，辦理多不妥善。濫發紙幣，信用甚薄。此類銀行起自清咸豐二年。國家以財用匱乏，餉需孔亟，於北京城內外招商設立官銀錢號，以爲推行銀錢票之關鍵。迨光緒季年，各省之有官銀錢局者，已有直、魯、吉、黑、豫、晉、蘇、贛、閩、浙、鄂、湘、秦、隴、川、粵、桂、熱河等十餘省區。自是一省之中，有設一機關者，有設數機關者。大都爲各省省庫之金融機關，發行銀元、銀兩、銅元或制錢鈔票。未經中央法令明定本位單位，紛雜不一。視各省之需要而異。準備之有無，以及成數之若干，亦復各自爲制。票之兌現，亦不一致。信用之良否，市價之高下，亦復互異。後有改爲新式銀行者，其發行鈔票之權，依然存在。各省長官以財政艱窘，無由取給，悉以發行紙幣爲籌款之一法，以致濫發無藝。民國以來，中央財政部曾數次設法整理限制發票。但法令多未能實行。此類銀行，成立最早，而在歐化式之銀行中亦最落伍。近年以來，吾國各種銀行事業日漸發達，辦理日益完善。加以外國銀行如中法實業銀行、中華匯業銀行、道勝銀行、華威銀行、中華懋業銀行等之歇業，外商信用亦不足恃。於是本國銀行日益興旺，華商銀行鈔票之勢力已超外商銀行之上矣。

（參觀賈士毅民國財政史；張家驤中華幣制史；Couling, Encyclopaedia Sinica, on Banks.）

幣制　上古草昧之世，立市廛，日中爲市，以通有無，以物易物，無所謂貨幣也。稍進則珠、玉、龜、貝、五金、布、帛皆作爲錢幣。周太公立九府圜法。黃金方寸而重一斤。錢圜函方。輕重以銖。布帛廣二尺二寸爲幅，長四丈爲匹。錢法之端緒始開。春秋戰國之世，流通最廣者爲鏟、鐘（又曰布、刀三種。此時可稱刀布時代。秦併六國，統一天下，禁用珠玉龜貝銀錫之屬，分幣爲二等：黃金以鎰計，爲上幣；以銅鑄錢，文曰半兩，重如其文。自此專以金類爲貨幣。漢承秦後，先鑄莢錢，物價騰踊，米石萬錢。武帝建元五年，鑄五銖錢，輕重適中，民皆便之。自漢迄隋，中間錢幣興革雖多，要以五銖錢行之最久。可稱此時期爲五銖錢時代。隋朝禁用古錢及私鑄，僅許用五銖錢。隋之五銖錢，與漢之五銖錢，其文微異。錢幣始歸統一。民以爲便。唐高祖卽位，乃廢舊錢，鑄開元通寶。每錢一千，重六斤四兩。得輕重大小之中。是爲有通寶錢之始。自唐初以迄五代之末，所鑄錢文，均以通寶爲名。故可稱此時期爲第一通寶錢時代。宋遼金元明清各朝鑄錢，皆按年號。而通寶二字不換。此可稱爲第二通寶錢時代。自秦代半兩錢以及後代五銖通寶各錢，皆用銅或鐵，而中有方孔。從未用銀或黃金鑄錢也。此爲完全舊時代之中國幣制也。光緒二十六年（西一九〇〇年），兩廣總督李鴻章見英仙士銅錢，質輕而値大。謀仿鑄之。奏請設局先行試鑄。是爲中國鑄造銅元之始；亦卽中國無孔錢之始。其所鑄之錢，每枚當制錢十文。以紫銅九十五分，白鉛四分，點錫一分配合。每枚重量二錢。一面鐫光緒元寶四字。內加清文廣寶二字。周圍鐫廣東省造。並分鐫每百枚換一圓字樣。他面中鐫蟠龍紋，周圍英文，譯曰廣東一仙。二十七年以制錢缺少，不敷周轉，而銅元行於廣東已具成效，乃諭令沿江沿海各省仿造。於是各省大鑄銅元。銅元代制錢之用。初出無多。社會歡迎。惜當時清廷不深知貨幣原理。對於銅元鑄數之限制，及銀銅間比價之確定，金融兌換機關之設置，如何籌畫，毫未顧及。以後各省督撫大吏，莫不藉銅元餘利，以爲興辦地方新政之用。競相鑄造，各立門戶。初未嘗有整理幣制之意。卒至銅元充斥市面，價値日落，物價昂貴。此省銅元，他省不用。幣制因之大起紊亂。民國以來，各省更各自爲政。四川省鑄黃銅當伍十、當百大銅元。尤爲剝削人民，淆亂幣制。初以新幣便民者，至此反以害民。以前有孔制錢通行全國者，日漸減少。沿江沿海各省幾於不可見矣。幣制中多此歐化式之銅元，其利甚微，而二三十年間，將人民生活費用抬高十倍有餘。小民生計維艱。多此反不若無此之爲愈也。此亦不審愼輸入歐化之一例也。

銅元之外，近年以來，又增鑄銀元。銀元亦仿歐洲錢幣鑄成。我國古代無銀元也。銀爲白金。自古以來卽用之。其形式不一。或鑄成餅形，因名曰餅，又稱爲鋌或鈑或笏或版。自宋以後，通稱爲錠。俗名曰元寶。形如馬蹄。錠之鑄造，皆隨民便，非若銅錢，專屬之國家事業也。其成分重量、大小各地互異。近年銀元雖盛行以代銀兩之用，但在通商大埠買賣交易，仍有以銀爲標準者。外商銀行亦以銀兩爲本位。直至今年（民國二十二年）中央財政部始廢兩改元，銀元本位得以確立。考外國銀元流通中國，約當淸代乾隆嘉慶兩朝。初稱曰番餅，繼稱曰洋錢。乾隆九年，范廷楷奏稱：『內地姦商，私帶制錢出海，與諸番交易。以數十文易番銀一元，獲利最重。返舶之時，或帶番餅或帶洋貨。』嘉慶十九年，蔣攸銛奏稱：『洋錢進口民間以其使用簡便，頗覺流通，每年夷船帶來之洋錢或二三百萬元，或四五百萬元，亦有數十萬元者不等。』銀錢稱元始見於此。我國商人以其衡色齊等，便於交易多樂用之。故不數十年，徧行江浙閩粵各口。更深及內地。將元寶擠滅矣。粵、桂、湘、贛、使用爛板。江浙則用光面外國銀元輸入者有數種。最早者爲西班牙洋，又號本洋。明末時已流入中國。安徽蕪湖一帶，至今尚行用之。次有鷹洋，爲墨西哥獨立後所鑄造之銀幣。因幣面花紋有鷹鳥而得名。俗又稱曰英洋，蓋誤鷹爲英也。外國銀幣輸入我國者，以此種爲最多。其通行最廣之區域，爲吾國南部及中部地方。如上海一地幾以此爲主幣。民國八年以前，上海外國銀行發行之紙幣，皆以此爲兌換準備。近年以來，輸出之數，超過輸入及國內之銷燬等。該項銀幣之流通數量，遂日形減少。民國八年，英龍洋（本國幣因幣面花紋有龍故得名。）行市統一，商民特種愛好，早已失去矣。再次則爲人洋，又呼站人，又曰香洋，又曰杖洋。因幣面花紋有人持杖站立，故得種種之名也。此幣爲香港造幣局所造。行於粵及平津。近年以來，市面不多見矣。日本龍洋，因幣面花紋有龍故得名。通行於閩省。近亦稀見。安南洋乃法屬安南所造。行於滇桂兩省邊地。美國銀元亦曾流入，但爲數至微。道光初年各國銀錢輸入漸多，蔓延各地，欲禁無由。兩廣總督林則徐奏請自行鼓鑄銀元，藉資抵制。旋經部議駁。道光中，浙省曾自鑄一兩重銀錢，欲與洋元並行，以民間阻滯而止。光緒十三年二月，粵督張之洞奏稱廣東通省皆用外洋銀錢，波及廣西，至於閩、浙、皖、鄂，所有通商口岸以及湖南、四川、前後藏，無不通行，以致漏巵無底。粵省擬試造外洋銀元，銀元上面鑄「光緒元寶」四字，周圍鑄「廣東省造庫平七錢三分」十字，並用漢文洋文，以便與外洋交易。支放各種餉需官項與徵收釐捐鹽課雜稅及粵省洋關稅項，向收洋銀者，均與洋銀一同行用等語。於是我國流通之銀元中，始有吾國自鑄之銀元。二十二年湖北繼之。二十三年十月，江南又繼之。二十四年山東繼之。其他各省亦次第推行。三十一年，立總廠於天津，留南北洋、廣東、湖北四局作爲分廠，由總廠發給模樣，成色重量花紋均須一律。宣統二年，全國各廠皆鑄「大淸銀幣」一種銀元。以求統一幣制。旋以國體變更，以需餉之故，將所有鑄成銀幣陸續隨市價流行於市面，僅成爲通用銀元之一種。民國三年頒布國幣條例，一元銀幣於是年十二月二十四日，由總廠開鑄。次年二月，江南造幣廠繼之。發行以來，全國各地頗能通行無阻。民國四年，滬上中交兩行，與錢業公會協商，將以前所開龍洋行市，一律取消，祇開新幣行市。江南、湖北、廣東、及大清銀幣四種銀元，均按照新幣行市通用。自是我國自鑄之銀元市價，遂成統一矣。二十二年政府廢兩改元，兩種單位，併成一種單位，棄數千年來固有之單位，採用歐美新單位矣。

最早發明鈔幣者爲我國，唐憲宗時以錢少，令商賈至京師委錢諸路進奏院及諸軍諸使富家，以輕裝趨四方合券而取之，謂之飛錢。宋太祖因之有便錢務焉。此二者，即今之匯票，尚非眞鈔幣也。宋眞宗時，蜀人患鐵錢太重，交易不便，乃以楮作券，謂之交子。一交一緡。其後由官設交子務，掌其出入。禁民私造。高宗時創會子，又名曰關子，又名曰關會。性質與交子無異。後以無限止發行，無錢兌現，價值低落。金以銅產缺乏，倣中國楮幣制，造交鈔。有大鈔小鈔兩種。大鈔爲一貫、二貫、三貫、五貫、十貫五等。小鈔分一百、二百、三百、五百、七百五等。令百姓永久通流。文字磨滅不現者，可向所屬庫司換易新鈔。元有交鈔寶鈔。宋金鈔錢並用。而元則廢銅錢而專用楮幣。卒以濫發，使全國恐慌，而元亦亡矣。明太祖初擬專用銅錢。不久苦於銅之供給不足，乃立鈔法。設寶鈔提舉司，造大明寶鈔。命民間通行。制凡六等。曰一貫、五百、四百、三百、二百、一百。每鈔一貫，準錢千文，或銀一兩。不久鈔出甚多，價值低落。英宗天順以後，鈔即廢絶不用。清初行錢而不行鈔。咸豐後，以軍興需款，籌措無術，議准暫行銀票，嗣後又發錢票。民間行使，甚爲壅滯。光緒中葉，各外國銀行先後設立於通商大埠，發行鈔票，我國市場，始見有銀行券之蹤跡。一般商民感其信用健全，攜取輕便，羣相樂用。市場流行，極爲暢達。當時朝野上下，鑒於發行紙幣之利益，及慨乎利權之外溢，乃亟思挽回之法。光緒二十三年，中國通商銀行照外國銀行辦法，發行鈔票，是爲吾國近代銀行發行兌換券之嚆矢。三十一年，清政府倣西法發行銀行鈔票，設立戶部銀行，發行戶部銀行鈔票。各省所設之官銀錢局，亦各自發行銀兩銀錢等票，通行市面。自是我國有發行鈔票之銀錢行號，逐漸增加。現今市面流通之銀行兌換券，大概可分爲六類：一爲中央銀行發行之兌換券；二爲特種銀行，經政府特許發行之兌換券；三爲普通商業銀行，經財政部核准有案，准許發行之兌換券；四爲地方銀行，經財政部核准發行之兌換券；五爲中外合辦銀行，經政府特許發行之兌換券。此類鈔票，近數年來大減；六爲在華外國銀行發行之兌換券。各種券面上，一面爲華文，他面爲英文。以前各代之「通行寶鈔」字樣全去矣。甚至各種鈔票之紙料，亦多來自美國，爲美國印鈔公司所印成。其歐化程

度之深可知矣（參觀張家驤中華幣制史賈士毅民國財政史）

第四節　交通事業

鐵路火車　清季歐美發明之各種交通事業，逐漸輸入中國。船政之招商局附屬於北洋大臣內地商船附屬於工部郵政附屬於總稅務司路電兩項特派大臣督辦，而未有專部。光緒三十二年，設立郵傳部路電郵航始有總匯之區民國元年改稱交通部。分路政電政郵政航政四司。玆就四政之發達分敍如下：

鐵路火車完全爲近代新發明。西曆一七六七年（乾隆三十二年）英人萊奴特（Reynolds）制凹字形鐵軌，供各公司之用。軌易塡砂礫性極脆弱車輛時有越線之虞。一千七百九十八年（乾隆五十四年）哲索勃（W. Jessop）製凸字形鐵軌附輪緣於車，爲現今鐵路車輛之藍本。普通道路所用車輛，鐵路上不得通行。一千七百六十九年（乾隆三十四年）英人瓦德發明蒸汽機。法人喀諾特（Carnot）創一車以二汽筒置鍋之上煮水成汽入汽筒推挽轔轔迭相爲用鼓動車輪，使自行於路上。名曰自行車。一千八百二十一年（道光五年）英人司梯文生(R. Stephenson) 創機關車，試行於司道克登 (Stockton) 至打林登 (Darlington) 路線。載運一般公衆之旅客貨物。是爲蒸汽車之始祖。客貨運輸營業，亦以此爲始。明年世界有名之利發浦(Liverpool)至曼切斯脫(Manchester)間鐵路開工。公司懸重賞募最精機關車。一千八百二十九年（道光九年）行各種機關車競賽於曼切斯脫。司梯文生所造之樂克德（Rocket）車嶄然冠首。每小時能行三十五英里，載重四十噸。人皆稱其便利。爲交通界大發明，縮地利器。較之以往用人力獸力挑負拖載者，不啻一大革命也。司氏發明既出，英國全國震動，競組公司，經營鐵路。以後逐漸改良。每輛裝重可至三千噸。行走速率每小時可達一百英里。歐美其他各國，亦競利用此大發明。一千八百三十年（道光十年）以後，無不動工興築鐵路。鐵路輸入中國，在英國創始後四十年。一千八百六十三年（同治二年），上海英國商人二十七名，上書兩江總督李鴻章，請築上海至蘇州之鐵路。李氏不允。一千八百七十五年（光緒元年）八月（陽曆）與英人立約築上海至吳淞三十里之鐵路。次年一月二十日鋪軌，四月底竣工，六月開車。營業頗佳。光緒二年三月三日，該路火車撞斃中國兵一人。蘇淞太道馮竣光卽照會英領事，轉令公司立卽停止開行。英領不允。南洋大臣沈葆禎亦照會該領停車，仍不允。後由李鴻章與英國公使威妥瑪磋商，以銀二十八萬五千兩購回。三年九月十五日交與中國官吏，後卽命工匠掘起鐵軌，剷平路基，拆毀站房，連同一切材料，不久卽運往台灣。因台灣長官擬築一路貫通該島，故沈督狗其所請也。然終以籌款無方，卒將淞滬全路物品，沈諸打狗湖焉。淞滬路拆毀之年，直督李鴻章允許輪船招商局總辦唐景星修築唐山至胥各莊之運煤鐵路。朝廷禁駛機車，乃聲明以騾馬拖載。工程司英人金達(Kinder)抱定將來更換重軌之目的，乃定軌間爲英四尺八寸半。光緒五年五月興工，十一月告竣。是爲我國辦鐵路之始。金達氏利用舊廢鍋爐，改造一小機車，力能引百餘噸，名曰「中國之樂克得」(Rocket of China)。七年五月十一日，唐胥路開駛第一次機車。八年復由英購機車二輛。十二年，唐胥路展修至蘆台。十五年展至天津，再次展至山海關。此爲中國鐵路之嚆矢。後又展至北京，初擬經通州，而地方人民反對，乃改經豐台至馬家鋪。拳匪亂後，由馬家鋪接修至正陽門。自東便門築支路至通州。光緒二十年，修築山海關外至綏中路。値中日戰起，暫停。二十五年，築至錦州營口支路亦蕆事。二十六年，進至大虎山。二十九年溝幫子至新民屯完竣。三十年，日俄戰起。日人築新民屯至奉天輕便鐵路。三十一年，由我備價收回。宣統三年展築至奉天城與南滿相接。於是京奉全路開通。前後共歷二十九年之久，爲國有鐵路之最早者。他如平漢路創議於光緒十五年，開工於二十四年，完成於三十二年。津浦路，創議於光緒六年，開工於光緒三十四年，竣工於宣統三年十月。滬寧路創議於光緒二十二年，興工於二十九年，竣工於三十四年三月。滬杭路創議於光緒二十九年，開工於光緒三十二年十一月，竣工於民國元年十二月。株萍路創議於光緒二十四年，開工於二十九年，竣工於三十一年十一月。廣九路創議於光緒二十四年，開工於三十三年七月，竣工於宣統三年八月。正太路創議於光緒二十二年，開工於三十年四月，竣工於三十三年九月。道清路創議於光緒二十八年，開工於二十九年，竣工於三十一年。平綏路創議於光緒二十九年，開工於三十一年，平張段竣工於宣統元年，張綏段竣工於民國十年四月，綏包段竣工於民國十一年十二月。隴海路創議於光緒二十九年。汴洛段興工於光緒三十年，竣工於三十四年十二月。其開徐、洛觀兩段成於民國四年，徐海段成於民國十三年，觀潼段成於二十一年。此外尙有大幹路，如粵漢、川漢，動議已在三十年前，而至今未竣工。此外又有完全外國人所築之路，如膠濟路、滇越路、中東路，完全外國人治理。初與中國人無關係。其後經政治變動，中國備款贖回。而滇越路仍全在法人之手也。民國以來，日事政爭，竟未完成一長路。辛亥革命以後，理想家以爲數年之間可以完成二十萬里鐵路，與歐美並駕齊驅者，至是乃爲一場幻夢也。直至今日，軍事緊急之秋，在要路上，仍未見火車能全代二千年前使用之騾驢車也。交通事業較之他國，尤爲落伍也。

（參觀曾鯤化中國鐵路史；Couling Encyclopaedia Sinica。）

輪船　一千八百零二年（嘉慶七年）英國人席明敦（William Symington）造一輪船，以蒸氣力駛之。船名「沙洛武鄧達斯」（Charlotte Dundas）試行於蘇格蘭克萊脫運河（Clyde Canal）大告成功，是爲世界第一蒸汽輪船。地方官以其鼓浪壞堤，禁止行駛。一千八百零七年（嘉慶十二年）美國人福爾敦（Robert Fulton）亦造一汽船，試行於紐約赫德森河。載運行人，亦告成功。由是而各國倣造，爲洋海上航行利器。一千八百三十五年（道光十五年）

英國輪船哲爾丁(Jardine)自蘇格蘭阿伯丁港(Aberdeen)駛至廣東伶丁洋面。是爲輪船入中國之始。英商意欲用此船爲澳門、廣州、伶丁三地間之送信船。一千八百三十六年一月一號,開始駛往廣州。而中國官憲不許通過虎門,竟至放礮轟擊。英人不得已乃將機器拆去,改爲帆船,始得通航。一千八百七十二年(同治十一年)十二月,中國商人合資購「亞丁」(Aden)輪船航行通商各埠。但非通商口岸,亦不得通行。此爲中國人自有輪船之始。閱二年,此合資公司乃改組爲今之招商輪船局(China Merchants Steam Navigation Company)主動人李鴻章、香港華商資助之。當初目的,爲航行外國船所不通航各港,與洋人爭沿海商務。但政府不允,目的未達。以後政府准許成立。代政府載運三分之一漕米北上。一千八百七十七年(光緒三年)購買上海聯合汽船公司船隻。一千八百七十九年(光緒五年)十月二十日,曾遣局中所有「河中」一船至檀香山,載運甚多華工。初開始時,營業甚爲發達。但不久而弊竇叢生,毫無發展。數十年間,船隻航線仍舊。最近乃收歸國有。次於招商局者,有政記公司,專營華北奉天各港間之航業。此外有甚多小公司經營沿海長江中航運。勢力遠不如外商。各港埠間,甚至無中國輪船者有之矣。國內旅行不乘外國船，則不得達。此種現象古今中外各國所無，而實亦國恥也。

（參觀 The Encyclopaedia Britannica; Steam Engines; Couling, Encyclopaedia Sinica.）

電報　一千八百三十五年（道光十五年）美國人摩爾斯（S. F. B. Morse）發明電報。數年後，改良完備，爲通信利器，各國皆架建電線。一千八百六十五年（同治四年）英國人萊奴特（Reynolds）樹立由上海至吳淞黃浦江口之電線。不久卽被中國人民拔除。此爲電報第一次輸入中國之情形也。一千八百六十九年（同治八年），美國盧塞爾（Russell）公司，在上海本地樹立由輪船碼頭至公司辦事處之電報。一千八百七十一年，（同治十年）大北電報公司，設立香港至上海之海底電線。上海上陸處祕密藏匿，不使中國人見之。一千八百八十一年（光緒七年），中國政府允許設立上海至天津之陸地電報。此爲中國第一條電報線。三年後，由天津延長至北京，傳遞軍國大政消息極爲靈捷。政府中人知其有利，於是各地推廣電報矣。光緒八年，立電報總局管理其事。光緒三十四年，併入郵傳部。現今全國電報局有六百餘所，電線長約四萬餘里。入民國，又增設無線電臺，亦歸電報局管理。

（參觀 The Encyclopaedia Britannica, Telegraphic Couling, Encyclopaedia Sinicas.）

郵政　驛傳爲中國自古所有要政，蓋以通達邊情布宣號令也。至元朝而驛政發達完備。明淸因之。國家驛站之外，復有民局專司送信，爲人民事業。歐洲郵政發達不過近百年事。最初行用郵票者爲英國，發明者爲羅倫黑爾（Rowland Hill）。一千八百三十七年（道光十七年）二月十三日黑爾將所製郵票示之遞信局。一千八百三十七年，英國下議院通過黑爾之條陳，議訂各等郵票價値，先買票黏貼信封而後送信，又議訂防阻僞造法規。一千八百四十年各等郵票通行於英。一千八百四十三年（道光二十三年）瑞士倣行之。一千八百四十七年，美國行之。一千八百四十八年俄國行之。一千八百四十九年法國行之。一千八百五十年奧國、德國、西班牙、意大利皆倣行之。自倫敦初次發行郵票，閱二十五年，而普遍世界。當時全世界共有一千三百九十一種。其中爲歐洲發行者八百四十一種，美洲者三百三十三種，亞洲者五十九種，非洲者五十五種。至一千八百六十五年（同治四年）已有八百十一種隨時代而消滅，尚有五百八十種流通世界耳。咸豐季年，商埠增加，各地海關亦隨之而增。同治以後，中國允許外國公使駐在北京。公使及總稅務司署，欲與上海等地分關僑民通信，借用中國驛遞各關文報往來，皆自行設法互寄，漸啓郵務端倪。一千八百七十八年（光緒四年），各地海關正式設立郵政事務所，辦理大沽至天津、天津至北京、牛莊、烟台、鎮江各地遞信事務，略倣泰西郵務辦法，交赫德管理。並於是年發行郵票。加入國際郵政同盟。英法各國皆願將上海及香港郵局取消，改歸華關自辦。總理衙門先後飭據江海關道總稅務司籌議，咨行南北洋大臣查核。光緒十六年三月，總理衙門創行總稅務司，以所擬辦法既於民局無損，即就通商各口推廣辦理，俟辦有規模，再行請旨定設。旋浙海江海各關道，皆稟稱稅關郵局未經奏定，外人得以藉口。十八年冬，赫德亦以數年創辦艱難，若再不奏請設立官郵務局，恐將另生枝節。是年五月，總理衙門迭接李鴻章、劉坤一咨，據江海關道聶緝槻稟稱，上海英美工部局現擬增設各口信局，異日中國再議推廣，必更維艱等語。二十一年南洋大臣張之洞奏請設立郵局，請飭議。由總理衙門議准，推廣海關郵遞，開設官局，並與各國聯會。旋由赫德擬定郵政開辦章程。由是郵務及於各通商口岸矣。二十四年又由湖廣總督張之洞奏准推行沿江沿海各省及內地水陸各路。迨宣統三年各省通行郵務，共有六百餘局，代辦四千二百餘處。民國五年，局與代辦處增至八千七百九十七所，郵件寄出二萬萬五千四十三萬二千二百七十三；包裹寄出二百二十三萬二千一百件；郵差行路達四十二萬一千里；匯寄錢達一千五百九十六萬五千元。並與數國訂立往來互寄之合同。當時郵務經費，皆由海關協濟。宣統三年由總稅務司移交郵傳部，委法國人帛黎爲郵政總辦。其職權與總稅務司相等。人員長久留用，及薪水陞階請假，養老等事，均照海關辦理。於是郵政脫離海關，日漸改良，辦理完善，不亞歐美各國矣。舊時驛站，至光緒二十四年完全廢除。民信局則內地各城市中至前十年尙有存者，近則亦稀罕不可見矣。

（參觀黃序鵷海關通志；Cooling, Encyclopaedia Sinica, Post Office; The Encyclopaedia Britannica, Postage Stamps.）

第五節　教育事業

報館　唐時有開元雜報，記載政府命令，官場消息。可爲世界上最早之報章。然此與近代報章意義不同。至於登載普通消息，發表民意之報紙，則僅於鴉片戰爭後，香港割讓，五港通商以後，在外人勢力保護之下，始有眞正近代式之報章也。在中國最早之英文報爲廣東週刊（The

Canton Register）。每星期出一册，始於一千八百二十七年（道光七年）十一月八日。直至香港割讓於英國後，該報移至香港，更名香港週刊（The Hongkong Register）。至一千八百五十九年（咸豐九年）始停刊。次有香港日報（Hongkong Daily Press）及每日報（Daily Mail）。兩報皆在香港發行，時期俱在道光末年。時伍廷芳嘗命人將香港日報譯成漢文，流行粵地。純粹漢文報章，當推上海字林洋行之上海新報，及粵人在申所設之滙報、彙報、益報等。但不久卽閉歇。繼有申報，至今屹然存立。館主初爲英人美查（Major）。秉筆者爲中國文人。美查爲上海美查洋行主人，報始於同治壬申三月（西一八七二年）。除禮拜日出報，每紙十文。京報新聞及各種告白，一一備載。在各口岸風行甚廣。稍後至一千八百八十年（光緒六年）上海字林西報（North China Daily News）發行滬報，不久停刊。再閱十二年，則有新聞報。創辦者爲張叔和。後爲美國人福開森購買。申報、新聞報至今屹然存立。今代全國之中，大小日報約二千餘種。不獨通商口岸有之，卽內地偏僻小邑亦有之。大者日銷行數萬份，小者僅數百份。二千餘種之中，重要者僅約三四百份。其餘則皆範圍不出百里也。光緒二十一年（西一八九五年），時全國日報約僅有十二種。但此後十年間，正如雨後春筍怒生，新開之報館甚多，而多不永命。數月或數年即消滅。拳匪亂後，發達尤速。各種科學雜誌婦女雜誌圖書雜誌，皆流行甚廣。販報爲一種新事業矣。辛亥革命成功，報紙鼓吹，尤爲有力。報章宣布官吏受賄陰私，造成輿論，指導社會。此其功也。但亦有供個人與黨派野心家之宣傳詭詐者。革命以後，報紙幾全爲機關報。其無黨派而保存者，僅上海之申報新聞報而已。至若月刊雜誌之最早者爲萬國公報(Review of the Times)。創辦於一千八百七十五年（光緒元年）。創辦人爲美國教士林樂知。次爲中西教會報，創辦於一千八百九十一年（光緒十七年）。創辦人爲樊漢(J. W. Garnham)。次則教會新報，創於一千八百九十四年（光緒二十年）。三種雜誌皆爲宣傳宗教而設。但宗教之外，對於政治社會時事亦皆記載。頗爲中國士大夫所歡迎。流行甚廣，傳播各種知識，厥功甚偉。週刊之最早者，爲興華報(Advocate)，發行於福州。創辦人爲美國美以美會派克博士(Dr. A. P. Parker)。流行於中國各地，及海峽殖民地，甚廣。雖爲教會所發行，而新聞不限於宗教。關於科學有用知識，亦廣爲登載。爲當時有用之週刊也。通聞報創始於一千九百零二年（光緒二十八年）爲英美長老會所設。性質與興華報相同、銷行亦甚廣第一年在全國中銷行七千餘份以上皆教會人在中國所辦之初期日刊，週刊，月刊物也。中國人自己所辦之旬刊最早者爲光緒二十四年（西一八九八年）之時務報，後改昌言報。主筆人初爲梁啓超，後爲汪康年。此報爲是時維新黨人最要之機關報，而實亦最初談政治改革之雜誌也。昌言報不久隨戊戌政變而消滅。梁氏亡命日本後，舉辦清議報，仍鼓吹政治改革。不久又改辦新民叢報，灌輸各種學識。每期銷行十餘萬份。人人爭讀，影響中國社會輿論之鉅，直至於今，無他雜誌可與匹敵也。梁氏文學優勝爲一原因。而當時適値拳匪亂後，舊文化，舊制度，不滿人望。士大夫求新知識之慾甚熾。梁氏亡命日本，得彼邦之普通常識。以暢達流利之文，盡量灌輸於國中。所謂因時乘勢者也。待以後梁氏又主辦國風報、庸言報。流行遠不如新民叢報矣。蓋國民知識程度已高，膚淺議論，無裨益於專門科學矣。然梁氏一時之功，固不可泯也。此外商務印書館所出之東方雜誌亦爲灌輸常識之良品。已有三十年之歷史。地學雜誌爲中國地學會出版。創辦人張相文。起始於清季宣統二年，迄今已二十四年之久，爲國中最早而悠久之專門科學雜誌。科學社出版之科學雜誌起始於一九一六年至今亦有十七年之歷史，灌輸各種夭然科學知識，或發表各人研究。以上三種雜誌，壽命最長。辛亥革命以後，日刊、週刊、月刊、季刊、年刊之各種雜誌出版益多。但較之歐美日本尚望塵莫及。且多半爲政黨之機關報，無五年以上之壽命。甚至持論偏激，不合於中國之社會情況，徒紛亂靑年之思想，使徬徨無措，淪入左道，國家政治離軌愈遠者有之矣。此類雜誌有之反不若無之爲愈也。

（參觀 Couling, Encyclopaedia Sinica.）

學校　科舉時代，我國教育制度至爲簡單，教育機關僅私塾與書院。私塾程度高低，無人過問。書院爲政府所立，備學人讀書考績，每月助寒士若干養生費。學子所學者，僅文學一門而已。中國與西洋接觸，自明武宗正德以來，已四百餘年。西洋文化教育高於中國，直至最近中國人始知之。明代四譯館，清乾隆時之俄羅斯文館，皆僅教育通譯人才，並非欲學得外國之長也。近代最早之學堂，爲同治元年（西一八六二年）所設之北京同文館。初亦僅備造成翻譯人才。以後逐漸增設他科，同文館聘美國人丁韙良長其事。光緒二十四年改爲京師大學堂，分科教授，以孫家鼐爲管學大臣，余誠格爲總辦，仍以丁韙良爲總教習，實權皆在丁韙良。科學課程，管學不能問。時本國人留學外國大學，歸國者極少，故求西學者恆於教士。戊戌政變，新政悉罷。惟大學以萌芽早得，不廢。拳匪亂後，以張百熙為管學大臣，謝去丁韙良，以吳汝綸為總教習。辦七科大學。汝綸至日本調查學務，値學潮，被譏，罷歸，旋卒於鄉。張鶴齡以副總教習主教務。不久張百熙亦被擠而謝絕學務。張之洞入樞府兼管學務。繼續七科大學計劃。與張鶴齡論學科不合。鶴齡辭去。以後主其事者為張亨嘉、李家駒、朱益藩、劉廷琛、勞乃宣、柯劭忞、嚴復。入民國改為北京大學校。長其事者初為馬相伯、何燏時、胡仁源。皆無甚影響於國家政治。民國六年後，蔡元培長北京大學，乃與政治發生密切關係。而學校紀律亦隨時勢日益廢弛。故毀譽不一。但其影響於革命及文化運動之鉅，則人人承認之也。北京大學以外，最早之學堂為張之洞於光緒十九年在湖北武昌所辦之自強學堂。分方言，算學，格致，商務四齋。畢業數班。不久停辦。亦頗為當時言時務者所重視。光緒二十一年，北洋大臣王文韶奏設天津中西學堂。主謀者為盛宣懷。中西學堂即今之北洋大學堂，又曰北洋工學院也。當時分為頭等，二等。頭等學專門學分工程學，電學，礦務學，機器學，律例學五門。是中國學校有專門學之始。二等學校僅為預備學校。學西文四年，挑入頭等學校。頭等學堂總理為伍廷芳。二等爲蔡紹基。總教習爲美國人丁家立。丁時充天津美國副領事也。光緒二十三年，盛宣懷又奏設上海南洋公學，以美國人福開森爲總教習。校中分師範院、外院、中院、上院。師範院即師範學堂也。此爲中國有師範學堂之始。外院即日本師範學校附屬之小學院也。中院即北洋之二等學堂，上院即頭等學堂也。各院皆四年畢業。南洋公學即今上海交通大學。北洋南洋兩校培植各種人才甚多，有功於輸入歐化尤偉也。光緒二十八年，拳匪亂後，英人李提摩太提議在賠款中提出銀五十萬兩，創辦山西大學，以啓民盲，俾以後不致再釀拳匪仇教之禍。主持其事者初皆爲英人。以後交還中國人自辦。山西地方偏僻，其大學僅於本省有相當影響，而在全國則視上方數校有遜色矣。以上皆在學制系統未建立前之學堂也。此外又有海陸軍專門學校。與中國近代之歐化輸入亦不無有相當影響。最早之軍事學校爲天津武備學堂。創於光緒十二年。主其事者爲李鴻章。教員皆爲聘自德國之兵官。拳匪亂時，此校被燬。和議成後，遷於保定。以後改爲軍官學校。中國軍隊之歐化，此校影響甚大。

（參觀舒新城中國教育史料）

第三章 無形之歐化卽歐洲思想文明之輸入

第一節 宗教思想

尙書舜典記舜受堯禪後，『類於上帝，禋於六宗，望於山川，徧於羣神。』類、禋、望、皆祭名也。六宗者，時、寒暑、日月、星、水旱諸神也。舜典所記可以見上古時代中國之宗教爲多神教。各神之中，上帝最高。上帝爲昊天之神。故古書上『天』字有時與『上帝』同義。中國古書上所記『天』與『上帝』之能力，多與今代基督教所言上帝(God)相同。基督教聖經創世記言上帝於七日之內，創造天地人物。而中國詩經言『天生烝民，有物有則。』書經仲虺之誥云：『惟天生民有欲，無主乃亂。』是中西相同者一也。基督教言上帝能降福賞善，降災懲惡。而中國書經臯陶謨曰：『天討有罪，五刑五用哉。』又湯誥曰：『天道福善禍淫，降災於夏，以彰厥罪。』又伊訓云：『惟上帝不常，作善降之百祥，作不善降之百殃。』是中西相同者二也。基督教徒信人之福澤，以至衣服飲食，皆由上帝賜予。論語卷十云：『堯曰，咨爾舜，天之曆數在爾躬。允執其中。四海困窮，天祿永終。』是中西相同者三也。中西所信上帝之能力，固多相同，但亦有不同之點。基督教爲一神教，上帝之外，無所謂六宗、山川、羣神。此其不同之點一也。中國所謂作善降之百祥，作不善降之百殃，要皆當人之生時而然，而基督教則有天堂地獄之說，爲處置人死後賞罰問題。孔子大聖人也，祖述堯舜、憲章文武，所表彰之道德，皆爲個人在人羣社會中所應當然之事。至若死後如何，則孔子對季路之問，已言未知生，焉知死矣。死後靈魂之升天堂或下地獄，與夫因報拔濟諸說，孔子以及其他春秋戰國諸子，竟無一人言及者。漢武帝罷黜百家，儒家思想統一，全國人所信者一種爲人之道，孝弟忠信而已。東漢以後，佛教傳入中國，天堂地獄，因果報應諸說，大爲昌明，而展轉輪迴，尤娓娓動聽。補秦以前中國聖人所未言之闕，予人以心理上一大安慰。加以自漢末至唐中葉，佛教書籍，譯成漢文者，幾於汗牛充棟。其內容如何，姑不必論。其量之多，已足驚人。文人學士，於年老倦政以後，輒喜披覽，以度殘年。印度哲理，自有其圓密之處，可以使仁者見仁，智者見智，細繹不盡。是以佛教入中國，至唐時已根深蒂固，雖數經摧殘，而始終無損於其流行。基督教唐太宗時入中國。唐武宗時禁絕。元時再入中國。元亡亦隨之而消滅。明萬曆中三次入中國。流傳至今。計其信徒，天主教約有三百五十萬人，耶穌教約有四十萬人。合計約四百萬人。由萬曆九年（西一五八一年）利瑪竇初入中國迄今已三百五十餘年之久，所得信徒人數，乃如是之少，而在社會上之勢力亦不巨。不可不謂之失敗矣。其失敗之理由，可約略分述如下：（一）基督教教規太嚴謹，不肯與中國禮俗調和。以致教徒與國人隔膜，如異國人焉。例如帝制時代不跪拜皇帝，不拜祖宗牌位，不拜孔子。以致有清一代，無一教徒能充達官，能在政界佔勢力者。中國羣衆，皆唯士大夫階級之馬首是瞻。教徒地位不高，如何使普通人民對之有信仰。此爲其教之不能大行，大原因之一也。（二）鴉片戰爭以後，教士利用外國政治勢力壓迫中國，欺陵中國人，袒護教徒，不守中國法律。以致民衆對之感情甚惡。釀成拳匪仇外之舉。拳亂以後，中國受重創，教中人亦改變政策。然普通人視教徒，猶多懷舊觀念，視之幾如異類也。（三）基督教入中國最後，中國爲開化之邦，人倫道德之教則有孔子；死後因果與靈魂處置，又有佛教。池中容量已滿，先入爲主。他教欲從新而灌入，自不容易。（四）基督教無論迴再生之說，予人之希望，較佛家爲小。（五）今代中國基督教徒無古代佛教徒之熱誠。對於基督教中之哲理書籍，甚少翻譯。僅一部聖經，不足引足中國人之敬信。(六)宗教信仰心在西洋亦已衰落。來中國之西洋人多有攻擊宗教者。謂社會改良國家富強專在教育而不在宗教。尤以最近由俄國輸來各種新思想，足以完全傾覆各種宗教也。

第二節　倫理思想

我國古代倫理道德觀念，皆淵源於孔子。三綱五常之說，革命家舉爲詬病。而細審之無足病也。人生在世，不能離羣而孤立也。既有羣則小者爲家，大者爲國。家與國之團體中，必有一種結合力，以維繫此團體，使之不渙散，不瓦解。此結合力爲何？即一種自然發生，所應當然而起之道德觀念也。此道德觀念，綜合言之，即『君爲臣綱，父爲子綱，夫爲婦綱。』『父子有親，君臣有義，夫婦有別，長幼有序，朋友有信，』而已。今代革命家舉此以爲詬病者，無非因三綱五常之中有『君臣』二字與共和政體不合，與自由平等主義矛盾。殊不知『君臣』二字不過在古代人羣社會中代表『上下』而已。人類文明，不論如何發達，而發號施令之機關，不能闕也。不能人人發號施令也。在下者對於發號施令者，不能不負服從之義務也。發號施令者之地位，在古代以力取之。近代民權發達之文明諸國，則由人民選擧出之。由選擧出者，不論其稱號爲總統，爲首相，爲委員長，而人民未有不服從者也。故君臣二字雖不必有，而服從之義務，不論何種政體之下，不能闕也。至若『父子有親，夫婦有別，長幼有序，朋友有信』則不論何種宗教，何種政體，何種主義，吾未見其有可廢之理由也。今之革命家喜新厭舊，打倒一切舊物，擧所有中國舊倫理而推翻之，而又無新倫理而代之，使全國青年徬徨歧途。全社會成父子無親，上下無義，夫婦無別，長幼無序，朋友無信之狀態。人羣國家，渙如散沙。使全國鼎沸，生民塗炭。腹地各省，赤地千里。此僅全人口中百分之二三知識份子所造成之恐慌也。若造亂份子更增加至數十倍，則其亂之情況，更爲擴大，可以想見。以前人懼亡國滅種者，今則未有外國來滅中國，而自己已將中國滅亡。未有外人來滅吾種，而吾人已自相殘滅矣。危險思想之輸入中國，不宜早禁絕乎？

第三節　政治思想

吾國古代政體之組成，亦完全依儒家學說而成。『天下之本在國，國之本在家，家之本在身。』『身修而后家齊，家齊而后國治，國治而后天下平。』國者家之放大者也。若爲一國之長，猶父母爲一家之長也。故又稱國君爲人民父母，而人民爲國之『赤子』也。齊景公問政。孔子對以君君、臣臣、父父子子。君之所以君，臣之所以臣，其道甚不易。孟子告齊宣王曰：『君之視臣如手足，則臣視君如腹心。君之視臣如犬馬，則臣視君如國人。君之視臣如土芥，則臣視君如寇讎。』此言國君不可妄自尊大，漠視民意也。君臣之間，感情相對而生。洪範九疇，教爲君之道也。國君無道，則人民可以革命。革命者革天命也。君主皆受天命而爲天子也。一代受命，必有河圖洛書。爲天命之據。漢高祖以平民革命成功。不得不假託斬白蛇，神母夜號，劉媪夜出，震電晦冥，有龍蛇之怪。以後歷代受命，皆有靈瑞符應。班彪王命論，可以代表此說。蓋聖人懼人人不安本分，欲爲天子而革命也。乃不得不以神道設教，以杜僭妄，而免不絕之戰爭也。中國自有史以來，國家即依此組織。唐虞禪讓，爲終身帝制。繼位人由前帝薦之於『天。』使之主祭，而百神享之。使之主事，而百姓安之。攝政多年以後，堯老乃禪位焉。舜亦如之。至禹而傳子不傳賢。家天下之局以定。四千年來如一日。未嘗有何變更也。四鄰諸國政體若何，亦無影響於中國也。契丹初起，八部酋長皆由選舉而來。三年更代。耶律阿保機立，誘殺八部酋長，自立爲帝不受代。蒙古未入中國先，有庫里爾泰大會。國君死，推選新君候補新君亦皆前皇之子也。至忽必烈則不待大會選舉而自立爲帝。庫里爾泰大會由是而廢。據中國史書所載，國君由選舉者僅此二例而已。契丹蒙古，初皆爲遊牧民族。文化稍進，卽廢除選擧制也。清末國勢衰微，外患日烈，憂時之士，求本國致弱之原，初以爲僅槍礮兵器不如外人。甲午中日戰後，更進一步，求其原因，以爲政治不良，上下隔膜之故。康有爲等公車上書，求變法維新，效法外國開議院，萬機決於公論。於是有戊戌百日之變法。不久新政盡爲守舊黨所推翻。西太后復垂簾訓政。康梁皆亡命海外。至光緒二十六年釀成拳匪之亂。創痛鉅深，淸廷始又稍稍恢復新政，廢科擧，立學校。籌備立憲，而又踟躕懷疑。同時民間亦皆知舊文化不足救亡。求新知識之慾望甚切。留學西洋者接踵途間。而日本距中國僅一衣帶水。學費甚廉，文字又近。各省往日留學者，數逹萬人以上。各種新思想新學說，猶如怒潮，輸入中國。輸入新思想新學說，最有功者，首推梁啓超。梁在日發刊新民叢報、新小說、國風報等。以平易暢達條理明晰之文，灌輸各種新學說，新思想，尤具特別魔力焉。次爲嚴復。嚴爲早期西洋留學生。國學湛深。溝通中西學術。譯西洋哲學書甚多。梁氏新民叢報中關於西洋政治思想之輸入者：（一）爲盧梭（Rousseau）民約論。（二）爲孟德斯鳩三權鼎立說。前者爲鼓吹革命，後者爲建綱立國。兩說於一百六十年前，在歐洲皆有極大勢力。盧梭謂人類聚合，最古而最自然者，莫如家族。一夫一妻之相配，實由契於情好，互相承認而成。是即契論之類也。既曰契約，則彼此之間各有自由之義存矣。不獨此也，即父母之於子亦然。子之幼也不能自存。父母不得已而撫育之，固也。及其長也，獨相結而爲尊卑之交。是實由自由之眞性使之然，而非有所不得已者也。世人往往稱家族爲邦國之濫觴。夫以家族之親，其賴以久相結而不解，尙必藉此契約，而況於邦國乎。衆家族既各各因契約而立矣。寖假而衆家族共相約爲一團體，而部落生焉。寖假衆部落又共相約爲一團體，而邦國成焉。所謂相約者，不過彼此心中默許，不知不識而行之，非明相告語，著之竹帛云爾。人人既相約爲羣，以建設政府，其最上之主權，當何屬乎？盧梭以爲民約未立以前，人人皆自有主權。而此權與自由權全爲一體。及約之既成，則主權不在於一人之手，而在此衆人之意。即所謂公意者是也。中國儒家所謂天視自我民視，天聽自我民聽，亦即國家主權在於民衆公意之謂也。爲國君者，當採集民意所好所惡，以定施政方針也。儒家將天位之最高，國君代天行政，故謂之『天子。』後代天子皆敬天法祖。古代中國人頭腦簡單，特立一高高無形，不可卽之『天，』以神祕之。而天之視聽，卽民之視聽也。盧梭以爲凡邦國皆藉衆人之自由權而建設者也。故其權當屬之衆人。而不能屬之一人或數人。實而言之，則主權者邦國之所立。邦國者衆人之所有。主權之形，所發於外者，則衆人共同制定之法律是也。盧梭又曰：一邦之民，若相約擁立君主，而始終順其所欲，則此約卽所以喪失其爲國民之資格而不復能爲國也。蓋苟有君主，則主權立卽消亡。盧氏據此眞理，以攻擊世襲君主之制，及一切貴族特權之政治。盧梭又以爲主權者惟國民獨掌之。若政府則不過承國民之命，以行其意欲之委員耳。國家成立之原因，盧梭闡明盡矣。其說在歐美，影響甚大。美國獨立，法國革命，皆受其賜。梁氏僅爲提要之敍述。當年曾有某君，自日文譯成漢文，訂爲兩册。似亦不全。入民國後，馬君武直接自法文將全書譯出。國人始見此名著全豹。拳匪亂後，雖無全部譯文，而其影響於中國青年革命思想甚鉅。盧梭學說將中國四千年來家天下之觀念，完全打破。盲目之清廷，不知順應潮流，早日立憲，以安民心，而存滿漢偏見。激成辛亥革命。今者全國百分之九十人民，不識不知，毫無共和之程度。百分之十知識份子中，又多自私自利，祇知昇官發財，無毫忽爲國爲民觀念。下至綠林暴客，販夫走卒，不知共和國民之義務，徒知撫掇民主政治之口頭禪，蠢蠢然爭爲總統、元帥、方鎮、軍長矣。人倫、道德、服從義務，組織人羣社會根本要義，蕩然無存矣。民國成立至今二十二年，無一微之建設。武夫文士，或爲物質之摧毀，或爲精神之破壞。外則蒙古、西藏、東北四省，脫離中國、不許中國人往矣。內則貪官汚吏，變兵盜匪，遍於全國。民不聊生。辛亥以前，熱心革命之書生，至此亦無如何，仰天喟嘆而已。

第二種西洋政治思想梁氏輸入者，爲孟德斯鳩三權鼎立說。三權者立法、行法、司法是也。孟氏謂立法，行法二權若歸於一人或一部，則國人必不能保其自由權。何則，兩權相合，則或藉立法之權以設苛法。又藉其行法之權而施此苛法。其弊何可勝言。司法權若與立法權，或與行法權同歸於一人或一部，則亦有害於國家之自由權。蓋司法權與立法權合，則國人之性命及自由權必致危殆。蓋司法官吏，得自定法律故也。司法權與行法權合，則司法官吏將藉其行法之權，以恣苛虐故也。若司法、立法、行法、三種合而爲一，則其害更大，自不待言。孟氏名論西洋各國皆採行之。中華民國成立亦倣行此制。孟氏學說載於所著之萬法精理。梁氏亦僅爲提要之敍述。張相文自日文何禮之本有全譯。頗有爲潤文人誤改之處。嚴復自英文本譯出，名曰法意。自法文直譯之本至今尙無以上皆民主政治（Democracy）學說也」

最近俄國革命以後，有兩種新主義產生於歐洲。一爲共產主義，創於德國人馬克思，而試行於俄羅斯。與俄國人性情社會多不相合，致饑饉屢起，餓死人民數百萬。其首領見道窮不通，已大變前計。現所行者實國家社會主義也。二爲因共產而起之法西斯主義。創於現在當權之義大利首相墨索里尼。倣行於土耳其、德意志，皆有相當成績。此兩種新主義，現亦皆輸入中國。共產主義之書出版甚多，惜亦皆如以前梁啓超之輸入民主政治，斷章不全。法西斯主義之書尤少。茲特再略述如下：

近百年來，歐美各國工商大興。資本主義極爲發達。富者益富，貧者益貧。於是而有限止資本家之各種政策。英美法德諸國有遺產稅、所得稅等。其本愈多而稅益大，亦即限制富者愈富之意。擔抽稅終有止境，不足以限止大資本家之產生也。於是而有馬克思共產主義之發生。主張各種工商業、房屋、土地、礦山、鐵路、六畜等，皆歸國有。由政府經營。人民作工爲一種義務。人人必須作工。無工資。人民飲食衣住所資，皆由政府發給。不許人民有私產。如是則一國之中，無富人亦無貧人。

人人皆有工作，有衣食。斯誠理想之大同世界也。欲行此主義，必須將現有私產，悉行沒收。私產制度，行之已數千年。人人皆不免有自私自利之心。農人終年勤勞所收穫者，皆被政府派人徵收以去。於是不甘心工作，或埋藏所穫於地下。工作效能大爲減少。饑饉屢起，職是故也。沒收現有私產，又豈人人所樂。俄國試行此制，經莫大犧牲，扞格不行。不得不改回至舊制。許人民私有土地，私有儲蓄，但加以限制而已。民國九年，俄國派加拉罕爲駐北京公使，廣事宣傳。中國知識階級好空談，不務實際。聞其說而好之。天下貧者多而富者少，金錢尤爲人人所好。俄人以金錢搜買學生。北京各學校幾爲宣傳共產之中心。孫總理欲革命之速成，倡國民黨共產黨合作。在廣州成立之國民政府，容納共產黨人。民國十五年，武漢政府成立，共產黨大熾。及南京政府成立，國共分立，而共產黨羣趨江西，另組政府。蔓延各省。江西、湖南、湖北、河南、安徽、四川，無不受其蹂躪。赤地千里，國力大損。被兵各省人口皆銳減，可見其禍甚慘。俄國人行共產，及其他歐洲各國之有共產黨，皆爲擁護主義。而中國之共產黨，除極少數萬分之一書生迷信學說者外，餘皆爲未得昇官發財機會，因而反對政府者，及因饑寒壓迫，流離失所之貧民，烏知所謂共產主義！共產主義理論上確爲佳美，爲世界進化之極軌，爲儒家大同主義。但吾所欲問者，中國進化至何地步能否行共產主義也。吾茲特引今年三月八日，英國下議院兩黨員之辨論。藉伸吾說。社會黨員馬格斯敦(James Maxton)爲左派激烈份子。發言曰：『鄙人近來考察結果，解決人民中樞問題之先，信仰舊社會秩序之心理，必須掃除而以他種主義代之。從根本上重新建造。方可使社會安寧，民衆懽樂。吾人今實生於革命時代。舊存之經濟與社會秩序，日趨崩潰。其證明可於各種日報見之。世界各處商業上罪惡與衰弱，記不勝記。舊時制度及道德之法律，用以維持以前各種秩序者，亦信譽日趨崩潰矣。』馬氏說畢，自由黨員霍勃京生(Hopkinson)起而駁之曰：『鄙人深信以改變制度爲求達進步之方法，實爲緣木求魚之舉。人類全部歷史，確實指示吾人若男女個人不先改革，則絕無進步可言。欲求進步，必須社會中大多數人肯爲國家工作，獻其勞役與其生命於羣衆，而不爲私人謀福利。當今世界上大多數男女，尚無此精神。故資本主義制度得以生存。此種制度，乃代表一種情況，在大多數男女皆自私自利，無公共心之社會中，必然發生之結果也。當今之世，男女不先自革心洗面，而欲驟然實現理想社會制度，其眞爲大愚大錯矣。』馬氏與霍氏皆英國人也。各就所見而言，馬氏之黨，在國會中佔少數。霍氏所言博多數人同情。英國為世界上一等強國，文明程度最高，言論最自由之國家。政府所採政策，取決於多數人民投票。多數人民欲保守，即保守，欲共產即共產。絕無壓迫不自由之事。尚有霍氏一針見血之言。大多數英國人慎重行事。現今並未採行共產政策。吾欲問中國之知識份子，中國人程度較之英國人何？如自私自利之心與潔己奉公之念，較之英國何如？無英國人之程度，與潔己奉公之心，而欲行英國人所不敢行之政，吾實未見其可也。中國四千年家天下之歷史，即足證明中國人為世界上最自私自利之民族也。共和政治總統首相，由人民投票選舉，四年或七年一任，下野後與平民儕伍，中國自有史以來所未見也。聖帝賢王，功德利民，足以垂範後世者，史不絕書，而實不過使人民濡恩懷惠，不叛亂，不反上，鞏固其家，作子孫萬世之業耳。所謂私之至則為公也。中華民國第一任大總統袁世凱可以代表中國人也。既充終身總統，而又復欲為皇帝。一生所作所為，一舉一動，皆為自私自利以遂其家天下之慾。彼為一國元首，舉動俱為天下人所注意，所知悉。至若其下之督軍、鎮守使、師長、旅長、團長、營長、連長、排長，以至士兵；文官則自國務總理、各部總長、司長、科長、科員，以至錄事；外官則自省長、道尹、縣長，下至學校學生，實亦無一不抱昇官發財，顯親揚名，光榮里第之自私自利之觀念。以世界上最自私自利之民族，而欲行人類進化極軌，大同世界至公無私之共產主義，焉得不釀成猛獸食人之大亂也。

因共產主義猖獗而發生之法西斯主義，創始於義大利人墨索里尼。墨氏至今尙爲義國首相。其說近亦傳入中國。法西斯義語棒也。法西斯主義者國家主義也。墨氏於十年前，創此主義時，義大利國亦幾淪於共產黨手中。墨氏倡法西斯主義以抵抗國際之共產主義。保守現今資本制度。行一黨專制政策。法西斯與共產兩主義，皆爲狄克太透制（Dictatorship），犧牲民主政治（Democracy）也。義國自墨氏執政以後，秩序恢復，進步甚速，建設甚多。當初反對黨人對之頗多誤解。十年以來，國人見其行政，大公無私，亦皆諒其苦衷。他國苦於政黨意見紛歧，及爲工商凋敗，經濟恐慌，造成數千百萬人失業，共產黨人日增者，亦漸倣之。如德國之希特勒黨人，最近亦步墨氏政策而實行狄克太透制矣。近十年內，他國在各種政體之下，倣行狄克太透制者，有波蘭、猶哥斯拉夫國、捷克國、匈牙利、西班牙、土耳其、日本、德國。卽民主政治發源地之英美二國，亦感於在民主政治下，應付現今千變萬化之時局爲艱，漸趨於狄克太透制矣。英國現在執政之麥克唐納內閣，合國中保守自由工人三黨領袖組成。放棄數百年來之政黨內閣，俾得舉國一致之擁戴，可以臨機應變，以對付內外難題。美國新總統羅斯福就職於銀行大恐慌之際，亦要求國會付以臨時獨裁之權，不必先咨詢國會。全世界狂瀾滔滔，所到之處，民主政治皆被席捲而去，代以有威權有勢力之獨裁政府，指揮民衆矣。即共產政治之俄國，在斯丹林獨裁政府指揮下，成績斐然可觀。第一五年計劃成功，又進行第二五年計劃矣。政治循環，由共和變數人專制，由數人專制，變一人專制；由一人獨裁復變共和。歐洲古史昭然若揭。近代歐洲人行民主政治已百餘年。今潮流所趨，其將復返專制乎？中國歷史既如此，而人民程度又如彼。民主代議政治既失敗，共產主義又釀亂，其與中國國情稍近者，其爲意大利之法西斯主義下之狄克太透制乎？唯推行法西斯主義，須有墨索里尼、希特勒之魄力，與爲公無私之心。否則徒爲袁世凱第二而已。一言以蔽之，各種政治各種主義，各種思想，皆不過爲解決民生問題。各國政治家視其國情而採取相當辦法。取其辦法而加以名辭。欲達目的，皆以潔己奉公爲最要。斷無專爲自私自利，昇官發財，即能成事也。中國人近數十年，專剿襲外國文章，各種政體，主義，思想，無不輸入而行之，無一成功。淮橘成枳，當知所省。革命當先從革心入手也。大學所謂『欲治其國者，先齊其家。欲齊家者，先修其身欲修其身者，先正其心。欲正其心者，先誠其意』也。

（參觀梁啓超飲冰室全集；夏文運意大利法西斯運動；佩萱魏谷合譯墨索里尼自傳；Ivy Lee, Inrformation, No. 113, Capitalism and Democracy.）

第四節 學術上各種思想

進化論 進化論創始於英國人達爾文 (C. R. Darwin) 及瓦拉斯 (Wallace)。達爾文所說，尤爲精邃。達爾文以爲生物變遷之原因，皆由生存競爭，優勝劣敗之公例而來。而勝敗之機，有由於自然者，有由於人爲者，由於自然者謂之自然淘汰，由於人爲者，謂之人事淘汰。淘汰不已，而種乃日進矣。適者生存之理，不獨驗之於禽獸草木爲然，即人類亦然也。古希臘之斯巴達人對於子女之初生也，驗其軀格。若有尫弱殘廢者，即棄之殺之。無俾傳種。惟留壯健者，使長子孫。以故斯巴達人以強武名於時。自達爾文選種之說昌明，各國教育事業，大有進步。當今文明世界，雖不用斯巴達人野蠻手段，然知人之精神與體魄，皆能因所習而有非常之變化，故各國學校益注意於德育體育之兩途。所謂適者生存，非僅爲其本體之生存而已。必以己之所以優所以勝之智若力，傳之於其子。子又傳之於其孫。久而久之，其所特有之奇材異能，爲他物所不能及。於是其當初偶然所得之能力，遂變而爲一定之材性。馴致別爲一種族而後已。此種之變遷所由起也。今世界萬物殽列於目前者，其先必皆有所承襲而來。最始同本於一元。現今生物界，不過循過去數十萬年自然淘汰之大例。由單純以趨於繁賾而已。人類亦爲生物之一種。不能逃此公例。最初亦從下等動物漸次進化而來。達爾文將其畢身研究所得者，著之於其所著之種源論。出版於一千八百五十九年（咸豐九年）關於人類之研究，著之於人祖論。出版於一千八百七十一年（同治十年。）達氏進化之說出，無論政治、學術、哲學、宗教、社會各種思想，皆受其影響。幾於另產一新天地也。最先輸入達氏進化說於中國者爲嚴復。嚴氏於光緒二十四年（西一八九八）譯出英人赫胥黎之天演論，即東人所稱之進化論也。嚴氏譯出書籍頗多。此書爲其最初譯作。亦最有影響於中國思想界。嚴氏他作，皆無此書流行之廣也。赫胥黎之天演論，僅進化論之小緒言而已。達爾文之名，亦由嚴氏介紹於中國士人。梁啓超新民叢報有短記，題曰：『天演學初祖達爾文之學說及其略傳』達氏種源論原書，入民國後，馬君武始有全譯。過耀根近代思潮中亦有短篇序述達氏之人祖論則至今無譯本也。

西洋哲學　西洋哲學範圍大矣，哲學家多矣。每一種哲學，或每一家哲學，各爲數行之敍述，卽可成爲巨册。非吾此篇範圍所宜言，讀者自有西洋哲學史可供翻閱。吾今僅總述西洋哲學之輸入中國之經過耳。查最先輸入西洋哲學於中國者爲明末天主教教士傅汎濟（F. Furtado），傅氏與李之藻共譯希臘哲學家亞利斯多特勒之寰有詮六卷、名理探十卷。二書雖久譯出，而迄未刊印。名理探至民國十五年，北京輔仁大學始爲出版。寰有詮則尚未見世。由明末迄清末二百五十餘年，西洋物質文明之科學，久已陸續不絕輸入中國，而西洋思想文明之哲學，則遲至拳匪亂事前後，始由嚴復重啓障幕而輸入焉。嚴復譯有穆勒名學、羣己權界論、斯賓塞爾羣學肄言，雖皆爲名著，但皆緒言之類，而非大部原書籍也。大部原書籍至今尚無一部譯出。所輸入者，皆斷章不全之學說也。哲學玄妙，哲學書文辭亦多深奧難明，非淺陋所可解。其於社會影響實甚大，但無切實用途，近於清談。卽在歐美哲學家亦漸少，而羣趨於科學。古代希臘人所稱哲學範圍，多被科學侵奪古代哲學範圍內之科學，在近百年內，前後脫離哲學而獨立矣。中國人學哲學者甚少，與哲學書籍之甚少譯成漢文，由是故也。茲就片斷翻譯，中國人所知西洋哲學記之如下：英國倍根之實驗派，亦名格物派之學說，及法國笛卡兒之懷疑派，亦名窮理派說，德國哲學家康德之學說，古代希臘哲學家蘇格拉底、柏拉圖、亞里斯多德，英國人頡德、邊沁、斯賓塞爾、伯倫知理、斯密亞當等學說，梁啓超新民叢報皆有敍述。斯密亞當之原富，嚴復有全譯。唯嚴氏好用古文怪字，使一般人不能讀。書雖譯出，而影響於中國人之經濟思想甚微也。入民國後，東西洋留學回國者頗多，對於西洋哲學如尼采之超人哲學，托爾斯泰之人道主義，詹姆斯之實用主義，歐根之理想主義，柏格森之直觀哲學，皆由片斷之譯文輸入。各大學亦多有哲學系。各教授雖無著譯之輸入，而為口授之輸入，其功亦不淺。近來傳西洋哲學有聲譽者為張嘉森與張東蓀二人。此外又有原學西洋哲學，歸而用西洋條理整理中國舊哲學有聲譽者為胡適與馮友蘭二人。

（參觀梁啓超飮冰室全集；清代學術概論；過耀根近代思想。）

第五節　藝術思想

文學改革　中國舊文學艱難，不足以代表現代社會思想，應新時代之需用。謀求易以淺近文體者，前已有人，而迄無適當新文學以代舊文學。清末梁啓超用一種平易暢達，雜以俚語韻語及外國語法之文，編纂各種雜誌，號『新文體』。一時海上雜誌日報競效之，風靡一時。清末國人思想多受此種文體之影響。梁氏自謂其新文體縱筆所至不檢束，老輩則痛恨，詆爲野狐，然其文條理明晰，筆鋒常帶情感，對於讀者別有一種魔力焉。梁氏文體較之以前舊文學已淺易多矣。民國七八年時，陳獨秀主持新青年雜誌，倡用白話文，胡適和之。一時教育界中人多贊成之。復以政府之力，在中小學校推行之。現在白話文已征服全國矣。白話文較之梁氏文更爲易學，誠爲普及教育之利器。文與言合一，與歐洲各國相同矣。唯白話文與舊時文言距離太遠。小學六年全讀白話文，中學初三年國文課程時間十分之七，又用之白話文。後三年，仍有十分之三時間用之白話文。入大學後，分科治專門學，無暇再治國文。各科學生理應可以如意參閱中國書籍，運用中國文學以達其意矣。然近年以來，入大學學生不能讀文言書，句讀不辨者，日益增加，對於舊文學，幾等文盲。甚至大學已畢業，而文言不通者多矣。參閱中國舊書，因覺困難，而俱棄之不讀矣。此種情形甚爲危險。本國人不能讀本國書，將失去自己民族特性，忘其祖宗歷史。此與法國人滅安南、日本人滅朝鮮何異。教育家急宜設法矯正，學生在中學期用於文言時間，宜多於白話文也。民國八年，北京大學文科又刊布標點法，將西國標點符號施之於中國新舊文學。迄今出版書有完全採用西國標點法者，亦有僅用逗句及人地名書名諸符號者。以前中國書無標點法，誠爲中國文學發達上一缺點。甚多古書，如元典章等，無從句讀，或極可疑。又如各史四裔傳，或遼金元史外國地名，人名，數個相聯者，莫辨名性。標點法輸入以後，此種困難疑竇，可以盡去。近代歐化有益於中國文藝，中國文藝亦受世界潮流而歐化矣。胡適倡議文學須研究白話小說，各大學國文學系，多增小說課程。而郭沫若及周樹人周作人兄弟皆以作白話新小說，或譯外國小說名於世。

西洋美術　美術者繪畫、彫刻、塑像諸藝術也。中國人自昔以百工爲小技，繪畫、彫刻、塑像，皆在小技之列。唐初閻立本以丹青見知，與廝役等。戒子愼毋習。社會所尙可知。故美術在中國不甚發達。尤以宋代以後，益不昌明。宋太宗嘗下令不許百工與文人齊等。在上旣不以爲倡，而在下者益廢弛矣。較之西洋美術名家，一畫値錢百萬，爲全世歡迎，與中國相去眞天淵矣。近今西洋各種文化如怒潮之輸入中國，然美術則輸入則極緩而最後。誠以美術爲太平時代之裝飾品，而一時習尚又不易改革。方今全國鼎沸，民生困苦，社會對此無需要，教美術者不足以立足也。民國以來，最先提倡美術者爲蔡元培。蔡氏曾以高年留學德國，甚留心於西洋美術。曾助德人蒙斯脫白格著中國美術史。民國六七年間，充北京大學校長時，曾提議於教育部，在北京立藝術專門學校。內分中國美術及西洋美術兩部。但學校成立以來，爲時代政治潮流所驅，風潮屢起，校綱廢弛，不免有負於提倡人之初心。近則教育部已有令結束矣。上海有私立美術專門學校，成績尚佳，國中傳授西洋美術著聲譽者，有劉海粟及汪亞塵二人。

王雲五主編

萬有文庫

第一集一千種

歐化東漸史

張星烺著

發行人 王雲五 上海河南路

印刷所 商務印書館 上海河南路

發行所 商務印書館 上海及各埠

中華民國二十二年十月初版

The Complete Library
Edited by
Y. W. WONG

EUROPEAN CULTURE & CHINA

By CHANG SING LANG.

PUBLISHED BY Y. W. WONG
THE COMMERCIAL PRESS, LTD.
Shanghai, China
1933